康震 著

康震讲

李清照

中华书局

图书在版编目(CIP)数据

康震讲李清照/康震著. —北京:中华书局,2018.1
(2023.9 重印)
ISBN 978-7-101-12975-5

Ⅰ.康… Ⅱ.康… Ⅲ.李清照(1084~约1151)-人物研究
Ⅳ.K825.6

中国版本图书馆 CIP 数据核字(2017)第 299884 号

书　　名　康震讲李清照
著　　者　康　震
责任编辑　陈　虎
责任印制　管　斌
出版发行　中华书局
　　　　　(北京市丰台区太平桥西里 38 号　 100073)
　　　　　http://www.zhbc.com.cn
　　　　　E-mail:zhbc@zhbc.com.cn
印　　刷　三河市宏达印刷有限公司
版　　次　2018 年 1 月第 1 版
　　　　　2023 年 9 月第 10 次印刷
规　　格　开本/710×1000 毫米　1/16
　　　　　印张 11½　插页 10　字数 150 千字
印　　数　78001－86000 册
国际书号　ISBN 978-7-101-12975-5
定　　价　39.00 元

目录

序

《中国诗词大会》火了！

一时间，人人争说诗词好，诗词魅力不得了。我很荣幸，参与了《诗词大会》的策划与现场点评，切身感受到亿万观众重温中华诗词的巨大热情。这热情，点燃了每个人内心的诗词世界，也点燃了弘扬中华优秀传统文化的燎原之火。

中华诗词是中华文化最优美的篇章，中华诗人是中华民族最深情的歌者。我认为，无论新兴传媒多么发达，要真正深入了解诗人、理解诗词，根本之道还是要下笨功夫读书。只有一行行、一页页地认真读，反复看，才能记得准、记得牢、记得久，才能将那些优美深情的诗词刻在心里、融入血脉、化为基因。

阅读的过程，也是体验的过程，更是与诗人们面对面举杯小酌、谈心交心的过程：李白是一阵清风，只要他愿意，便可飞越重重关山，飞向他想去的任何方向；杜甫是一条长河，蜿蜒曲折，波澜壮阔，承载着不尽的忧思和希望；韩愈是一柄宝剑，利刃出鞘，无所畏惧，锋芒所及，披靡所向；柳宗元是一叶孤舟，在浪涛汹涌中起落沉浮，但从不曾放弃自己的执着与立场；欧阳修是一座大山，山间林泉磊落，万木竞秀，生机勃发，郁郁苍苍；苏洵是一株老树，根深叶茂，繁密成荫，在他的近旁，新松茁壮，材堪栋梁；曾巩是一方青砚，纯正坚实，温润如玉，尺寸虽小，墨韵悠长；王安石是一团烈火，敢于烧毁一切落后陈腐，意志坚定，勇于担当；苏辙是一座火山，表面沉静，内心炽热。为人谦和敦厚，为政刚柔并济，处置有方；李清照宛如一枝腊梅，芳香宜人，端庄淡雅，看似柔弱如花，实则骨气刚强；至于苏轼，很难用一句话来形容，他是"秉性难改的乐天派，是悲天悯人的道德家，是黎民百姓的好朋友，是散文作家，是新派的画家，是伟大的书法家，是酿酒的实验者，是工程师，是假道学的反对者，是瑜珈术的修炼者，是佛教徒，是士大夫，是皇帝的秘书，是饮酒成癖者，是心肠慈悲的法官，是政治上的坚持己见者，是月下的漫步者，是诗人，是生性诙谐爱开玩笑的人"（林语堂《苏东坡传》）。

我常常想，如果我的身边有这样一群诗人、朋友，我会成为一个怎样的人？我会拥有怎样的人生？

古诗云：年年岁岁花相似，岁岁年年人不同。《中国诗词大会》，像传承中国诗词文化的锦绣繁花，年年都在春节这个中国人最幸福、最重要的时刻，在全家人、全村人、全县人、全国人的面前美丽绽放。我相信，每个中国人，都会由衷点赞《诗词大会》。因为我们都是中国诗词的忠实粉丝，不论我们身在何方、身处何时，只要心头浮现那些经典诗句，我们就会露出会心的微笑，即便远隔千山万水，也能从诗词中感受到浓浓的亲情、友情与爱情，也会分享到深深的惬意、美意与诗意。中华诗词，就这样陪伴着我们，成就了每个人的生长、生活与生命。

衷心感谢每一位翻开这本书的读者。这10册小书，是我研读诗人、诗词、文章的一点心得，不揣浅陋拿出来与大家分享，希望大家喜欢。书中错谬、不足之处难免，也请多提宝贵意见。感谢您分享我的文字和感受。我们可能并不相识，但从这一刻起，我们开始相遇相识，因为我们拥有共同的理想与朋友：中华诗词。

康震

2017 年 7 月 1 日

写在前面

在浩瀚的太阳系中，水星距离太阳最近。

1987 年，国际天文学会命名水星上第一批环形山，有十五座环形山以中国人的名字命名，其中一座的名字就是李清照。从此，李清照的名字在太阳的照耀下开始放射更加辉煌的光芒。

作为一名女性，一名生活在封建时代的女性，能够在数以万计的中国古代智者先贤中脱颖而出，成为中国文化的象征，获得世界的瞩目、认可，在宇宙太空大放光彩，这是一个多么瑰丽的传奇故事！而李清照那些脍炙人口的诗词作品，每一首不也都是一个深情、美丽的传奇故事吗？

——在她的笔下，青春少女是如此的娇羞而俏皮："见客入来，袜划金钗溜，和羞走。倚门回首，却把青梅嗅"；而夫妻间的相思则是如此浓烈、难以开解："一种相思，两处闲愁。此情无计可消除，才下眉头，却上心头"；在她的笔下，天涯孤旅的女词人是如此的悲凉："寻寻觅觅，冷冷清清，凄凄惨惨戚戚"；而悲剧英雄虽然失败却依然壮志凌云："生当作人杰，死亦为鬼雄。至今思项羽，不肯过江东。"

——在她的笔下，早春二月是："暖雨晴风初破冻，柳眼梅腮，已觉春心动"；夏日则是"晚来一阵风兼雨，洗尽炎光。理罢笙簧，却对菱花淡淡妆"；秋天的傍晚："东篱把酒黄昏后，有暗香盈袖。莫道不销魂，帘卷西风，人比黄花瘦"；还有寒冬时节："雪里已知春信至，寒梅点缀琼枝腻。香脸半开娇旖旎，当庭际，玉人浴出新妆洗。"

这些颇具传奇色彩的诗词，演绎着一段段传奇的历史、传奇的情感、传奇的人生……

李清照现存的作品中，词作五十余首，诗作十余首，文章八篇，总数不过七八十首（篇）。与李白、杜甫、苏轼、辛弃疾等人的作品数量相比，这显然是个很小的数字。然而就是凭着这为数不多的作品，李清照居然能在名家辈出的古代文学长河中占据一席之地，这充分说明她文学创作的巨大成就。

李清照的词，格调高雅清丽，情感浓烈真挚，个性鲜明突出，语言通俗清新。她擅长借助日常细微的生活细节，传达复杂微妙的内心情感；她善于汲取、琢炼新鲜活泼的民间口语、俚语，形成晓畅雅致的语言风格，读之令人回味无穷。她的词在中国古代文学史上独树一帜，自成一家，被称为"易安体"，也因此成为一代"婉约词宗"。

几百年来，李清照之所以一直广受人们的关注，除了在诗、词方面的突出成就外，她那千回百转、跌宕起伏的传奇人生也打动着无数人的心。李清照出生于一个诗书官宦家庭，少女时代的她无忧无虑，活泼快乐，很早就表现出过人的文学才华。十八岁时，她与吏部侍郎赵挺之之子、太学生赵明诚结婚。夫妻二人把酒品画，分茶话诗，情深意切，志趣相投，共同整理校勘金石碑刻、书画古籍，生活美满幸福。

然而，"靖康之变"彻底粉碎了李清照的生活。先是丈夫赵明诚暴病而亡，李清照不得不强支病躯，料理后事，转移整理数万件珍贵文物。面对金兵大举南下，她跋山涉水，辗转流离，备尝艰辛。在逃难途中，她与赵明诚费尽心血收藏的文物一次次遭受劫难。但即便如此，这个孤独的弱女子却始终关注着国家民族的命运，关注着社会政治的变迁，将自己的思想情感与国家社会紧紧地联系在一起，表现出一个爱国主义者的崇高品质、一个杰出文学家的远见卓识与天才创造力。

晚年的李清照曾再嫁张汝舟，结果发现此人品性卑劣。她不顾世俗的流言蜚语、冷嘲热讽，毅然决然与张汝舟离婚。为此甚至不惜状告张汝舟，自己也饱受牢狱之苦。在封建礼教氛围日益浓厚的南宋，再嫁与再嫁后的迅速离婚，都是惊世骇俗的举动，对李清照这个具有一定社会地位的知识女性来说尤其如此。由此也可以看出李清照爱憎之分明、立场之坚定、个性之独立。

所有这些，或许正是李清照之所以成为杰出文学家的重要原因吧！

作为古代文学银河中寥若晨星的女作家中最杰出的代表，李清照是古代文学群山中一座秀美的山峰，在男性占据主宰地位的文学时代，李清照似乎是一个精彩的意外。现在，就让我们透过她精美绝伦的诗词作品，透过散落在历史书页里的斑斑点点，走进一代婉约词宗的内心世界，走进这千年词史中的精彩意外，去领略其中那意外的精彩。

第一章

书香才女

雪里已知春信至，寒梅点缀琼枝腻。香脸半开娇旖旎，当庭际，玉人浴出新妆洗。　　造化可能偏有意，故教明月玲珑地。共赏金尊沉绿蚁，莫辞醉，此花不与群花比。

——《渔家傲·雪里已知春信至》

说起李清照，我们的眼前就会浮现出一个清丽端庄、略带感伤的才女形象。常言说得好，文如其人，李清照的词，也总是那样的清新、秀丽，那样的感伤、多情，令数百年后的我们不禁为之动容。李清照也以她在诗、词创造方面的巨大成就，成为中国古代文学史上杰出的女作家。

　　不仅如此，身为女性，李清照只能被局限在闺阁庭院之中，从无可能参加科举，步入仕途，更不可能像男性作家那样周游四海、广交朋友。然而她的诗词文章却总是透露出一种健朗、开阔的气质，总能表现出较为成熟的政治眼光与知难而上的政治勇气；她写作《词论》，大胆批评欧阳修、苏轼、秦观等一批杰出男性作家的作品，发表自己的独到见解；她以为数不多的作品在古代词学史上自成一派，蔚为大家。

　　那么，我们不禁要问，在传统社会的压制之下，作为一位女性，李清照为什么能够具有这样开阔的眼界与见识？为什么能够取得这样令世人瞩目的艺术成就？是何种环境陶养出李清照不让须眉的才情？

家学渊源　含英咀华

　　宋神宗元丰七年（1084），李清照出生在今山东章丘明水镇。她的父母对李清照思想个性的形成有很大影响。

　　李清照的父亲李格非精通儒家经典，考中进士之后，曾担任郓州教授，大致相当于郓州市教育行政负责人兼学校校长。后又在朝廷先后担任太学录、太学博士与太学正，大致相当于国立最高学府的学官与大学教授。李格非勤于著述，学术著作与文学作品很多，根据有关史料文献的记载，李格非著有诗文四十五卷，还有学术理论著作《礼记精义》十六卷、《永洛城记》一卷、《史传辩志》五卷等。正因为如此，他深受当代大文豪苏轼的器重，名列"苏门后四学士"之一，并与苏门的众多弟子多有诗文往来，结下了深厚的友谊。

　　李格非为人清正廉洁、刚直不阿。据《宋史·李格非传》记载，在担任郓州教授的时候，因为俸禄太低，郡守想让他多兼任一些职务，好多拿些薪水，却被李格非拒绝了。后来他在江西上饶做官，当地有个道士妖言惑众、骗取钱财，一次那道士的车马正好与李格非相遇，李格非竟然命人将道士从车上拖下来，痛打一顿驱逐出境。由此可见他疾恶如仇的性格。

　　李格非精湛的学术造诣、多年的教育教学经验、丰富的文学创作实践、广泛的学术交流活动以及清正刚直、疾恶如仇的个性，都对李清照的成长产生了深刻的影响。晚年的李清照曾在一首诗中回忆说："嫠家父祖生齐鲁，位下名高谁比数？当时稷下纵谈时，犹记人挥汗成雨。"（《上枢密韩公、工部尚书胡公》）意思是说，我的父辈祖辈出生在儒学昌明的齐鲁稷下地区，他们的地位虽然不高，但是名声却非常高。什么名声？当然是学问的名声、品德的名声，这正是家族的优良传统带给她的荣誉感与骄傲。

　　李清照的母亲王氏也是官宦世家出身，王氏的祖父王拱辰曾是宋仁宗朝的状元，名字乃是宋仁宗所赐，曾担任翰林学士、吏部尚书（相当于今国家人事部部长）、三司使（相当于今财政部长兼商务部长）等重要官职。在这样的家庭长大，王氏自然也具有很好的文学修养，史书上记载王氏"亦善文"（《宋史·李格非传》），要知道，在传统时代，能够在正史当中给女性记上一笔"亦善文"，就说明这名女子的文学修养的确达到了很高的水平！

良好的家庭文化教育对李清照的心智发展起到至关重要的作用，见识卓迈且深深赏识女儿聪明才智的父亲，以"中郎有女堪传业"自得，让李清照得以与当代一流的文学家相唱和，在文学的氛围中成长。

二八年华　词名初显

正是得益于这样的家庭环境与父母素养，李清照在十五六岁的花季年龄就已经显示出过人的艺术才华、深厚的文史功底、卓越的政治见识。也正是因为有这样不同凡响的素质，所以她从来就不是一个娇气柔弱、多愁善感的小家碧玉，而是一个活泼开朗、见多识广的大家闺秀。在她的世界中，生活处处充满了斑斓的色彩、勃勃的生机，处处都能让她感受到生活的乐趣与美丽。

在一个夏天的傍晚，她与一群好朋友去溪亭游玩。她们可不是中规中矩地在小花园里散步，而是坐在一起说笑吃喝、饮酒品茶。不知不觉中太阳已西，糟糕，父母该责备了！快些划船回家吧！可是她们也许是酒喝得太多了，也许是被眼前美景所陶醉而忘乎所以，也许是心里太着急乱了方向，她们东摇西晃，左划右转，小船就是不听指挥，摇摇晃晃地直闯入浓密的荷花丛中，惊得荷叶深处打盹儿的沙鸥、白鹭扑棱棱飞起来，湖面上顿时荡漾起姑娘们银铃般的笑声。你看，这就是李清照的少女生活：活泼、快乐、无所顾忌，充满了勃勃生机！与其他女伴不同的是，李清照还善于用生花妙笔将青春朝气描绘出来，她写道：

常记溪亭日暮，沉醉不知归路。兴尽晚回舟，误入藕花深处。争渡，争渡，惊起一滩鸥鹭。（《如梦令·常记溪亭日暮》）

这首词似乎是信手拈来、毫无雕琢，运用浅淡自然、朴实无华的语言，寥寥数语就勾勒出一幅荡舟晚游图，似乎一位活泼开朗、豪放潇洒的少女正从画面深处飘然走来。

冬天也是李清照喜欢的季节，雪花开始纷纷飘落，她写道："雪里已知春信至。"（《渔家傲》）一开始就说道：下雪了，就知道春天快到了！这不禁令我们想起雪莱的名句：冬天到了，春天还会远吗？看上去她是在写冬天，其实是在写冬天里的春日，冬天里有春天一样的心情。可见在李清照的笔下，冬天也处处充满着春意。严冬里傲放的寒梅，居然像迎春花一样娇小妩媚，居然像刚刚出浴的美女一样婀娜多姿。尤其在明月、白雪的映照下，更显得冰清玉洁，就像清丽、秀美的李清照一样。她在词中称赞梅花："此花不与群花比！"（《渔家傲》）虽然我像春花一样妩媚多姿，然而更有傲霜斗雪的独立个性，正所谓："已是悬崖百丈冰，犹有花枝俏。俏也不争春，却把春来报。待到山花烂漫时，她在丛中笑。"（毛泽东《卜算子·咏梅》）不与群芳争艳，却恰恰写出了少年李清照卓然独立的个性。

当然，对于一个十六七岁的少女来说，春天无疑更浪漫也更多情。在一个风雨交加的夜晚，李清照独自在家中花园饮酒，海棠花在风雨中摇曳，风雨也搅动着少女的情思，美酒则更令她沉醉。这一醉，昏昏沉沉地睡了整晚，直到天光大亮，残留的酒意依然让她迷迷糊糊。可李清照并非只喜饮酒不懂春意的酒鬼，虽然宿醉难忍，但她竟担心起花园里的海棠花。这时家中侍女来到床前，李清照忙问：园子里的海棠花是怎样的模样了？昨晚上这一场狂风骤雨，海棠花怕是要遭殃了！谁知侍女却答：小姐你就别为海棠花操心了，只要你没事就好！海棠花可比小姐的身子结实，它不会有事的！

侍女的话固然没错，她只关心李清照，才不会理会什么海棠花。然而她又如何能了解这位文弱小姐敏感纤细的内心感受呢？海棠花

去歸狐陵樹

人今達康城

丁酉年 康震

花姿舒展潇洒，花开似锦，素来就有"花中神仙""花中贵妃"的美称，在皇家园林中常常与玉兰、牡丹、桂花相配植，形成"玉棠富贵"的意境，是温和、美丽、喜悦的象征。而二八年华的李清照，不正像美丽沉静、雅致温润的海棠花吗？李清照是在追问风雨中海棠的境况，其实未尝不是在追问自己的青春岁月："知否？知否？应是绿肥红瘦！"唉！你这个好心的卷帘人懂得什么？一场风雨过后，海棠花叶当然更加滋润肥硕，然而娇艳的花朵恐怕早就被春风春雨吹落了！

"绿肥红瘦"这四字造语甚奇，一绿一红，一肥一瘦，颜色鲜明，对比强烈，将凋落的红花比作人清瘦，其实无非是在说红颜易老、青春易逝，无非是在感慨时光流逝，渴望能够留住时光，留住青春。且看：

> 昨夜雨疏风骤，浓睡不消残酒。试问卷帘人，却道海棠依旧。知否？知否？应是绿肥红瘦。（《如梦令》）

其实，李清照的这首词是从两首唐诗中点化而来的。一首是盛唐诗人孟浩然的《春晓》："春眠不觉晓，处处闻啼鸟。夜来风雨声，花落知多少？"另一首是晚唐诗人韩偓的《懒起》："昨夜三更雨，临明一阵寒。海棠花在否？侧卧卷帘看。"

孟浩然与韩偓的诗作，虽然有鸟啼，有风雨，也有花落，但都不过是一幕独角戏，没有对话，也没有对花落的想象。李清照的词作，有风雨，有醉酒，有问话，有回答，有质疑，有作者的想象，更有"绿肥红瘦"的点睛之笔。如果说李清照的词是抒情散文的话，那两首唐诗则更像是记叙文、说明文。李清照的词青出于蓝而胜于蓝，而"绿肥红瘦"这句点睛之笔在当时也深得诗人们的称赞。宋代著名诗评家胡仔就称赞说："近时妇人能文词如李易安，颇多佳句……'绿肥红瘦'，此语甚新。"（《苕溪渔隐丛话》）宋代诗评家陈

郁也称赞说:"'绿肥红瘦'之句,天下称之。"(《藏一话腴》)

也许有人会认为,看来少女时代的李清照也不过如此,整天不是春风秋雨、夏虫冬梅,就是花花草草、朝朝暮暮,没有什么不一般的嘛。其实不然,少女李清照固然擅长抒写青春的美丽与朝气,然而李清照之所以是李清照,就在于她具有与众不同的卓识见地。

才力华赡 词名难掩

唐肃宗时,诗人元结撰写《大唐中兴颂》,纪念平定安史之乱,由颜真卿书丹镌刻于浯(wú)溪石崖上。宋哲宗元符二、三年间,"苏门四学士"之一的张耒(lěi)创作了《读中兴颂碑》,歌颂郭子仪平定安史之乱的丰功伟绩:

> 玉环妖血无人扫,渔阳马厌长安草。
> 潼关战骨高于山,万里君王蜀中老。
> 金戈铁马从西来,郭公凛凛英雄才。
> 举旗为风偃为雨,洒扫九庙无尘埃。
> 元功高名谁与纪,风雅不继骚人死。
> 水部胸中星斗文,太师笔下龙蛇字。
> 天遣二子传将来,高山十丈磨苍崖。
> 谁持此碑入我室,使我一见昏眸开。
> 百年废兴增感慨,当时数子今安在?
> 君不见,荒凉浯水弃不收,时有游人打碑卖。

这首诗在当时受到人们的一致好评,广为传颂。年仅十六七岁的少女李清照居然也拿起笔唱和了两首,这就是《浯溪中兴颂碑和张文潜韵二首》:

其一

五十年功如电扫，华清花柳咸阳草。

五坊供奉斗鸡儿，酒肉堆中不知老。

胡兵忽自天上来，逆胡亦是奸雄才。

勤政楼前走胡马，珠翠踏尽香尘埃。

何为出战辄披靡，传置荔枝多马死。

尧功舜德本如天，安用区区纪文字。

著碑铭德真陋哉，乃令鬼神磨山崖。

子仪光弼不用猜，天心悔祸人心开。

夏为殷鉴（一作"夏商有鉴"）当深戒，简策汗青今具在。

君不见，当时张说最多机，虽生已被姚崇卖。

其二

君不见惊人废兴传天宝，中兴碑上今生草。

不知负国有奸雄，但说成功尊国老。

谁令妃子天上来，虢秦韩国皆仙才。

苑桑羯鼓玉方响，春风不敢生尘埃。

姓名谁复知安史，健儿猛将安眠死。

去天尺五抱瓮峰，峰头凿出开元字。

时移势去真可哀，奸人心丑深如崖。

西蜀万里尚能返，南内一闭何时开。

可怜孝德如天大，反使将军称好在。

呜呼！奴辈乃不能道辅国用事张后走，

只能道春荠长安作斤卖。

与张耒的诗作相比，李清照的这两篇作品对唐代社会兴衰成败的思考更为深广，也更为全面。张耒的诗，只是单一地歌颂郭子仪等中兴将领的功绩，而李清照的诗认为仅仅歌颂是远远不够的，关键在于寻找安史之乱的根源，所谓"何为出战辄披靡，传置荔枝多马死"；张耒的诗只是简单回顾了安史之乱爆发的由来，而李清照的诗不仅系统反思了安史之乱爆发的各种原因，而且尖锐指出，安史之乱结束后唐玄宗与唐肃宗父子就开始了残酷的内部斗争；张耒的诗感慨岁月流逝，英雄不再，而李清照则一针见血地指出，安史之乱结束了，功臣们却遭到帝王的猜忌，所谓"子仪光弼不自猜，天心悔祸人心开"；张耒的诗极力地称赞中兴功臣，称赞元结的《大唐中兴颂》，而李清照的诗则认为功德自在天地之间，不须记载。她认为，唐肃宗时期，宦官与皇后勾结，又酿成新的政治动乱。统治者不能认真吸取教训，即便写再多的中兴颂又有何用？对历史的遗忘，必将重蹈历史的覆辙。

赋诗以咏史言志，这本来是封建时代男性世界的专利权，现在李清照这个十六七岁的小姑娘不仅将这个专利权握在了手中，而且诗作的历史见识与政治眼光甚至超过许多多年为官的男性作者，真是巾帼不让须眉！难怪宋代大儒朱熹啧啧称奇说："如此等语，岂女子所能？"（《朱子语类》卷140）这样有水平的诗句，难道是一个小女子能够说出来的吗？这恰恰说明李清照在当时士大夫眼中不同凡响的才气、自信自强的个性！

李清照之所以能够具有这样超出同时代女子的见识，一个非常重要的原因就在于她的父亲李格非与当时如"苏门四学士"等一批士大夫频繁交往，他的思想活动对李清照产生了深刻的影响。难怪清代人陈景云称赞李清照："其文淋漓曲折，笔墨不减乃翁。'中郎有女堪传业'，文叔之谓也。"（钱谦益《绛云楼书目》卷4陈景云注）将李格非、李清照比作汉代的蔡邕、蔡文姬父女二人，认为李清照继承了父亲的衣钵，这充分说明李格非对李清照教育的重要意义。

出身书香门第的才女李清照究竟是怎样的人，我们大概也有一个初步印象了。

少年时期的李清照绝对不是那种大门不出二门不迈，两耳不闻窗外事、一心只"做针线活"，恪守"女子无才便是德"的传统小女子，也不是那种三天两头病恹恹、无病呻吟、见月伤怀、弱不禁风、娇滴滴的富贵小姐，而是一个热爱生活、健康开朗、无拘无束、博览群书、对社会、对历史有着独到见解、独特感受的奇女子！这样的成长轨迹、个性特点的形成，对于后来李清照一生的生活与创作，都产生了非常重要的影响。

正因为李清照年少时与众不同的杰出表现，使得她虽然不过是个待字闺中的小女子，却在达官贵人的圈子中享有一定的声誉，为许多人所瞩目。《宋史》李格非本传中曾特别提到李清照，说她"诗文尤有称于时"，意思是说，李清照的诗文在当时就为人所称道。宋代人王灼说李清照："自少年便有诗名，才力华赡，逼近前辈。在士大夫中已不多得。"（《碧鸡漫志》）这对于李清照未来的爱情、婚姻生活也具有很大的影响。

现在，十六岁的李清照就要到婚嫁的年龄了，那么，她的如意郎君究竟在哪里？她的诗词天赋能否为她赢得白马王子的青睐？他们的相会究竟会是怎样一幅景象？他们的婚后生活又是怎样的情景？

请看下一章《门当户对》。

第二章

门当户对

暗淡轻黄体性柔，情疏迹远只香留。何须浅碧轻（轻，一作"深"）红色，自是花中第一流。　　梅定妒，菊应羞，画栏开处冠中秋。骚人可煞无情思，何事当年不见收。

　　　　　　　　　　——《鹧鸪天·暗淡轻黄体性柔》

在传统社会，女子无论才华再出众，诗词写得再出色，对社会历史再有见解，也不可能拥有选择个人未来生活的权利。对她们而言，未来的生活道路只有一条，那就是接受"父母之命，媒妁之言"的婚姻。因此，对于那些未婚女子而言，所择是否良木，未来生活是否幸福，完全是个巨大的未知数。婚姻对于她们来说，更像是孤注一掷的赌博，如果侥幸赌赢，或能拥有幸福生活；如果不幸赌输，也只能安守本分、逆来顺受，一辈子凄凄惨惨。数千年来，无数古代女子的悲惨命运，都反复地印证了这个规律。

那么，对于才华出众的李清照而言，是不是也逃脱不了这样残酷的婚姻规律？她能否选择自己的幸福婚姻？李清照的如意郎君又会是谁？

窈窕淑女　君子好逑

前面提到，少年李清照颇享文名，所作之词在士大夫中间流传甚广，引起了大家的关注，这其中当然也包括太学生赵明诚。

元代伊士珍所著《琅嬛记》中记载了一则故事，从中能够看出赵明诚早已对李清照心生爱慕：

> 赵明诚幼时，其父将为择妇。明诚昼寝，梦诵一书，觉来惟忆三句云："言与司合，安上已脱，芝芙草拔。"以告其父。

> 其父为解曰："汝待得能文词妇也。'言与司合'是'词'字，'安上已脱'是'女'字，'芝芙草拔'是'之夫'二字，非谓汝为词女之夫乎？"

意思是说，有一天，赵明诚白天在家中睡觉，做了一个奇怪的梦，醒来后就去见父亲赵挺之，汇报自己的这个梦。他说："我在梦中读到一本书，其他内容都记不得了，只记得有三句话，叫作：'言与司合，安上已脱，芝芙草拔。'这到底是什么意思？"且看赵挺之的精妙分析：言与司合，那不就是"词"吗？安上已脱，那不就是"女"吗？芝芙草拔，那不就是"之夫"二字吗？合起来即是"词女之夫"！

这么简单的文字游戏又岂能瞒过赵挺之的眼睛？虽然赵明诚以"梦话"为托词，想从父亲的口中说出藏在自己心中的愿望，但俗话说得好，知子莫若父，姜还是老的辣，赵挺之对儿子的一派心思，岂有不明之理？但纵观朝廷内外官员的千金小姐，这个堪称"词女"的女子究竟是何人？当然唯有才貌双全的李清照！

可见，赵明诚的昼寝之梦并非白日梦，而是实实在在的有计划的梦，就是想要迎娶李清照的明明白白的美梦！这个故事或是赵明诚的书生智慧，或是虚构，但虚构也需有现实生活为基础，即便是虚构，本质上也说明赵挺之、赵明诚父子对李清照早就投以青睐的目光，早就注意到了这个十八岁的才女。

那么，赵明诚何许人也？他的父亲赵挺之又是何许人也？他们与李格非、李清照父女的家庭有什么关系吗？

门户相当　才情匹配

赵挺之，山东密州人。当朝吏部侍郎，从三品官，大体相当于今天的国家人事部副部长。赵挺之精明干练，有出色的政治才干，在地方为官的时候政绩突出，所以在官场上升迁得很快。但由于他属于王安石变法集团，是典型的改革派、新党人物，所以与反对变法的旧党人物矛盾尖锐。

> 挺之在德州，希意行市易法。黄庭坚监德安镇，谓镇小民贫，不堪诛求。及召试，苏轼曰："挺之聚敛小人，学行无取，岂堪此选？"（《宋史》卷351《赵挺之传》）

看起来苏轼对赵挺之的为人极为反感，说他是"聚敛小人，学行无取，岂堪此选？"——就知道搜刮聚敛钱财，学问道德都不足取，这样的人怎么堪当国家重任？

在《宋史》卷444《文苑列传》中还记载了一则故事，发生在"苏门六君子"之一陈师道与赵挺之之间：陈师道与赵挺之是连襟，但陈师道一直都很讨厌赵挺之的为人。陈师道家境贫寒，冬天要到郊外举行祭祀活动，没有绵衣穿。妻子从赵挺之家里借来一件绵衣，陈师道知道后，坚决地退还给赵家，结果自己不幸受风寒而死。

赵挺之在新党得势的时候受到重用，旧党上台之际也能够游刃有余，说明他有一定的政治手腕，在官场上或许八面玲珑有余而政治操守不足，本人也确实有不少缺点。但他毕竟是一位颇有政绩的官员，不至于像苏轼与陈师道说的那样不堪。这本是朋党之间的意气之争，我们无须刻意评断赵挺之与苏轼、陈师道之间的孰是孰非，但有一点可以肯定，那就是苏轼与赵挺之两派间的矛盾是非常尖锐的。

而李格非恰恰是所谓的"苏门后四学士"之一，"以文章受知于苏轼"，深得苏轼的器重，与许多苏门的弟子不仅诗文往来频繁，而且有着深厚的友谊。前面我们也介绍过，李格非学问渊博，著作丰硕，在政治上刚直不阿，疾恶如仇。他的个性与政治立场似乎与赵挺之完全格格不入。李格非当时在朝廷担任礼部员外郎，提点京东行狱，从六品官，相当于现在文化部副司长级官员，位置虽然没有赵挺之的官职显要，但也属于朝廷的重要职位。无论从什么角度来讲，李格非都无巴结逢迎赵挺之的必要与可能。

然而，这样格格不入的两家人最终还是结为了儿女亲家。当然，其中主要的因素就是两点：一、赵明诚心仪李清照；二、李清照也欣赏赵明诚。

赵明诚心仪李清照无须赘述，昼寝之梦的小故事，不管是否为小说家言，也从一个侧面说明赵明诚对李清照的青睐。那么，以李清照的才华、眼光，为什么会欣赏、喜欢赵明诚呢？

赵明诚虽然是当朝高官赵挺之的三公子，从小成长在贵戚之家，却并非不学无术的纨绔子弟。赵明诚从小喜爱诗文，尤其酷爱寻访收集前代金石碑刻文字。赵挺之在徐州做官时，年仅九岁的赵明诚居然从当地收集了两通古代碑刻。咸阳出土了一块传国玉玺，将作监（相当于今国家设计院总设计师）李诫曾亲手拓印一份送给赵明诚。他十七八岁的时候，在外地为官的姨夫陈师道曾先后两次致函赵明诚，为他提供发现碑刻的线索。

具有讽刺意味的是，虽然陈师道与赵挺之水火不容，却对这个外甥欣赏喜爱有加。他在给黄庭坚的信函中提到："正夫（赵挺之字正夫）有幼子明诚，颇好文义。每遇苏、黄文诗，虽半简数字必录藏，以此失好于父。"（《与鲁直书》）意思就是说：赵挺之的小儿子赵明诚，酷爱诗文，每当看到苏轼、黄庭坚的诗文，即便只有片言只语，也会精心收藏，正因为这个缘故，他的父亲很不喜欢他。

由此看来，少年时代的赵明诚与父亲不同，他对官场政治、新旧党争并不在意，主要兴趣在于金石碑刻的收藏与鉴赏，只要是有价值的金石字画他就收藏，十七八岁之年，就以金石收藏在学问家云集的北宋士大夫中间享有很高的声誉。这对于性情活泼、关注世事的李清照而言，必然有所耳闻。

更重要的是，赵明诚在当时还是一名太学生。

北宋时期，朝廷专门设置太学，从官员以及平民的优秀子弟当中选拔学生入学。太学生分为上舍、内舍、外舍三等。其中上舍学生经过学习、考试，即可直接授予官职，一般都授予京官。其中最优者被称为"释褐状元"，享受与榜眼、探花同等待遇。可见，北宋时期的太学生只要学习成绩优秀，必定有很好的前途。

可以说，在十七八岁的李清照眼中，赵明诚的确是一个值得托付终身的优秀青年：出身高官显宦之家，为人谦和沉稳，精于收藏金石碑刻，具有深厚的文化底蕴、高雅的文化趣味，并在士大夫中名声鹊起；作为一名太学生，又有父辈良好的政治背景，以后一定会拥有美好的政治前途。这不正是当时待字闺中的女子心中的好夫君吗？李清照当然也不能例外。

情愫有韵　寄语词笺

事实上，李清照早期的词作中，就表露出一种对爱情的甜美的向往。如《浣溪沙·闺情》中写道：

> 绣面芙蓉一笑开，斜飞宝鸭衬香腮。眼波才动被人猜。　一面风情深有韵，半笺娇恨寄幽怀。月移花影约重来。

词中的这位少女就如芙蓉花一样秀美，她斜靠在"宝鸭"香炉上，正在凝神回味那甜美无比的一刻，她试着要极力地掩饰自己内心的喜悦，却怎么也掩饰不住，那如同芙蓉花一样美丽的笑容终于在脸上绽放开来。其实，美好的回忆如何能掩饰得住？你看这位姑娘，眼波只是微微有所移动，就被他人看破内心的秘密——当然是甜美的秘密。"眼波才动"，这个瞬间的表情在李清照的笔下被如此传神地刻画出来，体现出李清照的词特有的对瞬间的那种准确地把握，显示出不凡的笔力。

与心仪之人相约本是件无比美好的事情，但见面后继之而起的又将是令人焦急的思念与等待，所以她说："半笺娇恨寄幽怀。"给情郎寄去一封情书，然而这封情书中却充满了恨！何种恨？"娇恨"。我们常说娇气、娇嗔、娇媚、娇滴滴，却很少说"娇恨"。恨即是恨，为什么是"娇恨"呢？因为用情太深，却苦于不能常见，所以是因爱而生恨，因恨而生情，因情而更爱，最终还是情不自禁地说，希望在朦胧美好的月夜再次约会。

我们姑且不论这首词写的是不是李清照自己的爱情生活，但即便是借题发挥，也发挥得精彩绝伦了！其中肯定渗透着李清照个人的情感体验与美好向往。

其实，我们甚至可以作一大胆猜想，也许，李清照与赵明诚在结婚之前就已见过面。这个大胆猜想的基础，来自于李清照一首有名的词作《点绛唇》：

> 蹴罢秋千，起来慵整纤纤手。露浓花瘦，薄汗轻衣透。　　见客入来，袜刬金钗溜。和羞走，倚门回首，却把青梅嗅。

这首词中生动的形象、具体的情态、蕴含的情感，真是太奇妙、太美妙、也太微妙了！

我们完全可以这样认定，词中的女主人公其实就是李清照本人，她依然是那样的活泼、健康，充满生气。一大清早，太阳刚刚升起，花朵还没有完全绽开，花朵上的露珠依然浓重。而我们的女主角已像只小鸟一样，快活地登场了。

这首词奇妙的地方在于：一开笔就说自己刚刚打罢秋千，停在那里，有点儿疲倦，甚至懒得揉揉自己已经有点发麻的双手。就这简单的两句，就这简单的"慵整"两个字，就足以让我们想象到一名少女刚刚打秋千时那种自由自在的快活，那种尽兴的模样。这与《如梦令》中那个将船划入藕花深处的微醺姑娘正是同一人。

接下来说"露浓花瘦，薄汗轻衣透"更是奇妙。简简单单的九个字，就点出打秋千的时间正值清早，地点就在家中后花园，而打秋千的人早已香汗淋漓湿透轻衣。这里用了一个"轻衣透"，轻衣该是类似现在运动衫之类比较松软轻便的衣服。与前面的"纤纤手"联系起来，勾画出一个充满活力、精神抖擞而又娇小柔美的少女形象。这就是古典诗词的奇妙之处，寥寥数语就将时间、地点、人物、事件全部交代清楚了。

仅是奇妙并不足，还要美妙。词句的下阕描绘出美妙的一刻："见客入来"——忽见客人闯入花园，少女急忙含羞回避，"袜刬金钗溜"——走得匆忙而狼狈，鞋忘了穿，仅是穿着袜子，跑得太急，连发髻上的金钗也都掉落。就这样，掉了金钗，乱了头发。是何原由让那个娇小美丽、朝气蓬勃的小姑娘如此手忙脚乱，在瞬间换了个人似的？

是否是个不速之客？当然不是，李清照忍不住在词中提醒我们，她到底是为何而走，如何走的。她说："和羞走"——紧张窘迫但又满脸带羞地跑开。

到底来客为谁，竟可让落落大方、自由活泼的李清照如此慌乱害羞？问题首先在于，在传统时代，在虽不似深宫上苑，但至少也是官宦之家的李家，什么样的来客能在大清早随意进入后花园？如是未经通报的不速之客，那该是"和怒走""和怨走"，或是恼羞成怒地走。可是偏偏没有怒，没有怨，就只是羞答答地跑开……

或许只有一种解释，那就是：这位所谓的客人，即是小姐的意中人,是她心爱的人、想见的人。他不是不速之客,小姐虽知今天他将要来访,可是没有想到来得如此快,来得如此早,而且居然来得如此巧,恰是在打秋千的人已香汗淋漓湿透轻衣、坦然小憩之时,正是仅着薄袜、金钗已坠、乱发四散之际到来,怎能不羞,怎能不避?但不容否认的是这个感觉真是绝妙无比,未见想见,可真见了,却又见得不是时候,不是感觉,不是个样子——这其中矛盾复杂的情绪,连李清照也说不清、道不明,但可肯定的是她心里绝对感到美妙无比。

奇妙、美妙之余,同时也很微妙。

微妙之处在于李清照写道:"倚门回首,却把青梅嗅。"

都说不能不羞,不能不避,都已"袜划金钗溜"了,为什么却又靠在门边一再回望?她望的是什么?并未明说,却用了障眼法来掩饰自己的真实意图:"却把青梅嗅。"都已跑到门口,却不舍离去,忍不住停下脚步,嗅嗅门边的青梅,啊,好一股酸甜的味道!

不言而喻,她停步不为闻青梅,青梅再酸甜,再吸引人,也没有来客更引人。但如果没了门边的青梅,她就没有借口停留,青梅就像是为她而设,正因了青梅,她得以偷偷一瞥心爱的意中人。想见而不得,可见却又含羞,虽羞还是想见,故只能托意闻青梅,偷偷望情郎。

其实,那酸甜的青梅,不也正象征着少女李清照那颗青涩、酸酸甜甜的初恋之心吗?

唐代诗人韩偓曾经有一首诗,叫作《偶见》:"见客入来和笑走,手搓梅子映中门。"相比之下,李清照的词个性鲜明多了。和笑走,多少显得有点儿轻薄,和羞走,则有款款的深情;手搓梅子表现一种不安的情绪,而倚门回首嗅青梅,则有点俏皮,有点戏剧性,也有很强的动作感。

古代很多文人对这首词颇有非议,有人认为并非李清照所作,

争渡争渡惊起

一滩鸥鹭

丁酉年康震

而是娼妇所作之词。他们认为这里的"倚门回首",其实就是歌妓倚门卖笑。关于倚门的典故来源于《史记·货殖列传》,司马迁说:"农不如工,工不如商,刺绣纹不如倚市门。""倚市门"可有多种意思,但最核心的意思其实是指在市场上从事商业活动。当然,我们不可否认,歌妓的经营活动也是属于商业活动之一。但在司马迁的笔下,"倚市门"显然并不专指歌妓生活。所以李清照这首词当中的"倚门回首",不可能是指歌妓倚门卖笑,而是指这位少女斜靠在门边上,一边凑到青梅跟前嗅它的味道,一边偷偷回头看一眼意中人,非常朴素而活泼。传统文人之所以误读"倚门回首",主要是由于在他们心目中,凡是活泼可爱、伶俐好动、多情善感的少女,所作所为都是不合乎礼教的,在他们心中,如李清照般的大家闺秀,定是言行循规蹈矩,怎可能写出如此直抒情感、直面内心的作品?

由此看来,李清照与赵明诚该是在婚前有过一定程度的接触,彼此对对方都有些了解,有些倾慕之情。而这种倾慕与了解主要就是基于对方的才识、学问与修养,这正是他们二人最终结合的重要的感情基础,也是他们能够结为百年之好的主要原因。

顺时应势 佳偶天成

赵明诚与李清照虽然两情相悦,但能否得到父母的同意还是个未知数。

赵、李两家在政治上分属新、旧两党,赵挺之与李格非也是完全不同的两类人,他们能否结成儿女亲家,与当时的政治大环境息息相关。宋徽宗继承皇位后,运用政治手段努力平衡党派之间的关系,使得朋党之间的冲突渐趋平缓,政治上也出现了暂时的稳定局面。

赵挺之虽然是新党人物,风头正健,但毕竟不是新党领袖,与旧党的关系比较融洽；李格非虽然是苏门弟子，但毕竟也是旧党中的次要人物，与新党之间尚无直接利害冲突。而且两家祖籍皆为山东，两人又同朝为官，按常理而言，如无尖锐的矛盾冲突，对于两个才华突出的子女的婚事，绝无横加阻挠之理。换言之，这一桩婚姻最起码不会给两家带来害处，既然两个年轻人彼此情投意合，做家长的为什么要坚决反对呢？

由此看来，李清照与赵明诚的婚姻的确应该算得上是门当户对。

在很多人的观念当中，"门当户对"这个词似乎略带贬义，认为这是旧时代的思想观念，主要强调婚姻双方应当具有大体相等的社会地位、经济地位，却往往忽略了感情这个婚姻最重要的基础。这种看法当然没错，但门当户对是否就毫无合理性？

从婚姻发展的历史来看，门当户对其实也是维护婚姻稳定性的重要保障。如果没有社会地位、经济地位的对等，一般而言，也就很难有思想观念、个人情感的沟通，进而可能会导致两个人情感的变化。这也就是鲁迅先生说的："贾府上的焦大，也不爱林妹妹的。"（《"硬译"与"文学的阶级性"》）因此，我们是不是可以说，感情的确是婚姻最重要的基础，门不当户不对可能会有真诚的爱情发生，然而门当户对的家庭与环境似乎更容易促使爱情的产生。

赵明诚与李清照的爱情也是在门当户对的基础上产生的。

就个人来说，是他们志趣相投，是彼此尤其是赵明诚追求的结果。这个追求不是对高官厚禄的追求，而是对才华的追求，这就决定了李清照与赵明诚婚姻的基础，必然是有着高雅的情趣，有着共同的知识背景与文化底蕴。以李清照当时的才华，能够最终同意这门婚事，应当说也是看中了赵明诚谦和沉稳的为人、金石学等方面的才华，以及太学生的身份。所以从这个意义上来说，门当户对还应该有一个意思，那就是男女双方拥有对等的知识、趣味与个性。

由家庭背景而言，当然有门当户对的基础，如两家皆为山东人，他们的父亲又同朝为官。这些都是促成赵、李两家联姻的重要基础。

但是他们的婚姻也隐藏着危机，主要就是赵挺之与李格非政治立场派别的不同。对于李清照这样一个女性来说，父亲是旧党，公公是新党，政治矛盾都汇聚在她一人身上，从这个角度来看，这个门当户对的婚姻似乎又有点儿门不当户不对。这就是李清照婚姻的矛盾性、特殊性。

既然门当户对，又得到双方父母的首肯，宋徽宗建中靖国元年（1101），二十一岁的赵明诚与十八岁的李清照便喜结良缘，有情人终成佳偶。

那么，这桩门当户对的婚姻是否像人们预期的那样美满？李清照与赵明诚的婚姻生活有什么与众不同吗？

请看第三章《喜忧参半》。

第三章

喜忧参半

湖上风来波浩渺，秋已暮、红稀少。水光山色与人亲，说不尽、无穷好。　莲子已成荷叶老，清露洗、苹花汀草。眠沙鸥鹭不回头，似也恨、人归早。

——《怨王孙·湖上风来波浩渺》

赵明诚、李清照有情人终成眷属，喜结良缘。那么，他们婚后的生活又如何呢？

新婚燕尔　情浓娇嗔

李清照作品中有一首《减字木兰花》表现出她婚后的幸福与愉悦。这首词写道：

> 卖花担上，买得一枝春欲放。泪染轻匀，犹带彤霞晓露痕。　怕郎猜道，奴面不如花面好。云鬓斜簪，徒要教郎比并看。

春天到了，买来一枝含苞欲放的梅花，花朵上仍浸染点点晓露，花色妍如彤霞，楚楚动人。但在下阕，作者笔锋突然一转，开始语带忧虑，说道："怕郎猜道，奴面不如花面好。"——如果这娇艳动人的鲜花被我的夫君赵明诚看见，该不会说我的容颜尚不如这花朵美丽吧！其实作者此时不过十八九岁，正值青春少女、花容月貌的年纪，再加上饱读诗书、文采飞扬，那种娇美高雅的气度岂是一朵小小的鲜花所能比拟？

她之所以故意猜疑赵明诚，之所以莫名地嫉妒这朵鲜花，主要目的是想柔情地暗示赵明诚：我是如此的在乎你！更是要骄傲地暗示其他人：在夫君赵明诚心中，我的地位是独一无二的！因此她马上说："云鬓斜簪，徒要教郎比并看。"——我要将你斜插在我如云的鬓发当中，就让我的丈夫看一看，到底是人比花娇，抑或是花娇胜人？如此自信的追问本身就是一个标准答案，两相比较之下丈夫的回答只能是：花的确美，人的确更美！其实这首词就是作者借花衬人，借着与鲜花斗艳，表露出初婚女子的娇嗔之态与婚姻生活中洋溢的幸福感。

有人怀疑这首词并非李清照所作，原因是其"词意浅显，亦不似他作"（赵万里辑《漱玉词》）。在他们看来，这首词并无什么深刻的思想内容，甚或有些浅薄，怎会出自李清照这样的大文学家之手？然而，这恰恰才是李清照的本色：爱憎分明，毫不犹豫，决不含糊。只有这样真性情的人，才可能写出真文章，才会感动后人。

有人也许会问：这难道就是赵明诚、李清照的美满幸福生活吗？也无非是卿卿我我、甜甜蜜蜜，并无特别之处。的确，作为新婚夫妇，他们的常规生活一如一般人的想象，但我们要知道，甜蜜美满不过是幸福的表面现象，关键在于为何会感到甜蜜、感到幸福？

夫妇擅朋友之胜

对于赵明诚、李清照而言，幸福甜蜜的含义并不是形影不离、如胶似漆，因为赵明诚在太学上学，每个月只有初一、十五方能请假回家，即便太学毕业后为官，也无可能天天留在家中，因此他们并不可能朝夕相处、耳鬓厮磨；对他们而言，快乐的意义也不在于每日饮酒看戏、结交四海朋友，因为这种生活并不符合他们自然淳朴的个性。

对这对才学出众的夫妇而言，最幸福、最快乐、最甜蜜的，是能够一起参加彼此都非常热爱的高雅的文化艺术活动。这就是诗词文章创作、收集整理金石碑刻、鉴赏品味文物字画等等，这也是他们之间最重要的感情纽带，是他们相亲、相爱、相知的最重要的基础。当然他们亦会邀请朋友前来饮酒品茶，但"谈笑有鸿儒，往来无白丁"，与他们交相往来的朋友也多是有品位、有情趣的饱读诗书之士。

不过，要收集金石碑刻、文物字画，需耗费大量钱财。也许有人认为，他们二人皆出身于官宦之家，父亲又都当朝为官，钱财之事何愁之有？其实事实并非如此。

赵明诚的父亲赵挺之虽然贵为三品大员，李格非也是六品官，但他们皆出身贫寒，家教甚严，并没有给子女养成好吃懒做、养尊处优的坏毛病。赵明诚当时在太学期间根本没有经济来源，太学毕业后也仅是七八品的小官，所以两个人在经济上并不宽裕，也无多少私蓄。那他们收集文物所需的资金从哪里来呢？据李清照晚年所写《〈金石录〉后序》回忆，当时，每到初一、十五，他们就去当铺典当衣物，换来五六百钱，然后结伴去东京汴梁有名的大相国寺逛文物市场。大相国寺，就是《水浒传》中花和尚鲁智深倒拔垂杨柳、与林冲英雄相会的地方。其实在宋代，大相国寺不仅是深受皇帝关注的东京最大的寺庙，也是一个经常举行庙会的繁华集市。这里往往汇聚了不少古今名人的金石碑刻字画，也算是个民间的文物市场。赵明诚夫妻二人用典当得来的为数不多的钱，在这里精心选购。回家后认真把玩、欣赏、考辨，从中得到莫大的快乐。

有一次，有人拿来南唐著名画家徐熙的一幅《牡丹图》，向夫妻俩兜售，要价二十万。二十万对于王公贵族、富商大贾而言或许算不得什么，但是对于赵明诚这样每月仅一万多钱俸禄的七八品小官而言，相当于他两年的薪俸所得，这绝非他们所能负担。虽无力购买，却又心有不舍，夫妻俩将这幅画留置在家中欣赏了两个晚上，最终还是无奈地归还给卖主。为这件事情，两人在家相对感叹了数日。李清照也将此事记载于《〈金石录〉后序》："尝记崇宁间，有人持徐熙《牡丹图》求钱二十万。当时虽贵家子弟，求二十万钱岂易得耶？留信宿，计无所出而还之。夫妇相向惋怅者数日。"

李清照在晚年的回忆中说，那时虽然他们需靠典当衣物等才能有余钱购置文物，但他们两人的生活却好似"葛天氏之民"，单纯而快乐。葛天氏是传说中上古部落的酋长，相传他们部落的老百姓纯真朴实，悠闲自在，李清照用葛天氏之民比喻他们夫妻清寒淡泊却非常高雅脱俗的生活。当然能够共享这种高雅脱俗生活的人，彼此间须得有共同的爱好与志趣，正所谓：人生得一知己足矣，夫复何求？这也许才是甜蜜幸福生活的真正内涵吧！

正当他们沉醉于两人甜蜜而与世无争、自得其乐的安宁生活的时候，谁也没料到，他们人生当中的第一个重大变故即将来临。这个变故与他们两人的父亲间严重对立、水火不容的政治立场有直接关系。这种对立的政治立场，就像一颗定时炸弹，时间一到即会爆炸，爆炸之时不仅伤害到自己，也会牵连到家人。

祸福相依　浮槎来去

埋藏在平静生活下的定时炸弹引爆时间已到，所有相关的人都将受到波及。

政治上一直坚持平衡党派关系的宋徽宗，受到新党领袖蔡京的影响，决定再次全面推行新法，并将蔡京提拔为宰相："徽宗有意修熙、丰政事……遂决意用京。忠彦罢，拜尚书左丞，俄代曾布为右仆射。"（《宋史·奸臣列传·蔡京传》）赵挺之是蔡京坚定的支持者与追随者，在蔡京的鼎力推荐下，赵挺之青云直上，被提升为副宰相，后来又很快提升为宰相，位极人臣。新党势力一上台，就开始打击反对新法的旧党人物，特别是在宋哲宗元祐年间得势的旧党人物及其门人弟子。

如此一来，李清照之父李格非无疑会受到牵连，他以文章受知于苏轼，与许多苏门弟子交往深厚，政治立场虽不似苏轼等人那样与新党人物泾渭分明，有直接的政治斗争，但是他属于旧党、尤其是苏门一派却是不争的事实。宋徽宗崇宁元年（1102），其时苏轼已去世一年，苏辙也已完全退居河南许昌，但是蔡京等人对旧党的打击却并没有丝毫减退。对此，《宋史·徽宗本纪》中有着相关的记载：

崇宁元年五月"诏元祐诸臣各已削秩，自今无所复问，言者亦勿辄言"。

崇宁元年九月"籍元祐及元符末宰相文彦博等、侍从苏轼等、余官秦观等、内臣张士良等、武臣王献可等凡百有二十人，御书刻石端礼门"。

崇宁二年三月"诏党人子弟毋得擅到阙下，其应缘趋附党人、罢任在外、指射差遣及得罪停替臣僚亦如之"。

崇宁二年七月"诏责降人子弟毋得任在京及府界差遣"。

崇宁二年九月"诏宗室不得与元祐奸党子孙为婚姻"，"令天下监司长吏厅各立《元祐奸党碑》"。

崇宁三年六月"诏重定元祐、元符党人及上书邪等者合为一籍，通三百九人，刻石朝堂，余并出籍，自今毋得复弹奏"。

就在这几年的时间里，朝廷先后下诏书，列出所谓的元祐党籍，就是旧党人物的黑名单。在第一张 17 人黑名单里，李格非排名第 5 位。第二张 120 人的大黑名单，其中 48 人的中层官员名单里，李格非排名第 26 位。这张大黑名单由宋徽宗亲自书写并刻在石碑上，立在宫殿门外。最后名单上人数增加到 309 人，并由蔡京手书姓名，发至各州、县，仿效京师立碑"扬恶"，李格非排名于中层官员名单中的第 122 位。

同时朝廷还诏令天下，黑名单中的元祐党人及其子孙都不得在京城居住、做官；宗室官员不得与黑名单上家族联姻，如果已经定亲但未交换聘礼、聘帖，必须退掉亲事。

这就是那个时代残酷的政治斗争！

面对父亲即将来临的厄运，李清照处境艰难而尴尬。朝廷政治斗争日益尖锐，面对得势的公公与失势的父亲同时给予的压力，李清照左右为难。身为女儿，不能袖手旁观看着老父遭到迫害，可是她又无计可施。因为罢自己父亲的官，要将父亲赶出东京的人中竟然恰恰有自己的公公赵挺之。

李清照心急如焚，并立即采取行动。有史料表明，她曾找公公赵挺之，要求他能出面保护自己的父亲李格非，让父亲度过这场政治浩劫。南宋人张琰在给李格非《洛阳名园记》作的序文中写道："女适赵相挺之子，亦能诗。上赵相救其父云'何况人间父子情'，识者哀之。"为了能将父亲救出劫难，李清照给公公写了一首诗，全诗已经散佚，但仅从这残留的一句诗里，我们就能够猜想到这首诗的内容。虽然残留的只是一句，但肯定代表了全诗的主题与核心意义，就是希望公公赵挺之看在儿媳的情分上，看在儿女亲家的关系上，看在天下子女都不忍心看父母受罪的孝心上，能够对自己的父亲李格非伸出援手。

炙手寒心　寒冬春暖

赵挺之见到这封信后是否同意营救自己的亲家，因缺乏明确的历史记载，我们不得而知。但另一条重要的线索，也许能够有助于我们分析赵挺之最后的决定。

南宋人晁公武在《郡斋读书志》中说："其舅正夫相徽宗朝，李氏尝献诗云：'炙手可热心可寒。'"天下竟有如此巧妙之事，前段所提及的残诗是李清照央求公公解救父亲，而晁公武所记录的残诗却是李清照对赵挺之所作所为的情绪反馈。

"炙手可热心可寒",所指何事?这句诗是从杜甫的"炙手可热势绝伦"(《丽人行》)中点化出来的。杜甫的这句诗是讥讽杨国忠、杨玉环一家,朝廷大权在握,简直热得烫手!比喻权力过多,权势过重,无人能与之相比。可李清照这一句却有所不同,她所谓"炙手可热心可寒",是说你的权力、权势过重,可我的心却是寒冷的,而且冷到了极点。

这就有点令人费解了,按理说赵挺之是赵明诚的父亲、李清照的公公,他的权力越多越重,对他们的家庭越有好处,可李清照为什么会感到心寒呢?李清照将这样一首诗送给公公赵挺之,看来其中必有隐情。

我们可以做一个大胆的推测,这一句不合常理的诗,写于赵挺之并没有援救李格非之后。换而言之,一开始,李清照献诗给公公,央求他能够营救父亲。但是很快她就发现,自己的央求是非常幼稚而不现实的。赵挺之对李格非虽无成见,两人也无政治上的过节,但问题的关键并不在此,而在于这次的斗争并非个人之间的斗争,亦非私仇间的较量,而是政治集团间的厮杀,是政治利益的斗争。对于赵挺之来说,他与蔡京所做的一切只是针对旧党人物,而不是专门针对李格非。面对儿媳妇李清照的请求,他只能有两个选择:或者是不理会儿媳妇的请求,继续追随蔡京,追求飞黄腾达;或者是按照儿媳妇的请求,给李格非大开方便之门,但必须承受可能的政治风险。

李清照很不幸,因为从她给公公的第二首诗能够看出来,政治上风头正健的赵挺之选择了前者。这个选择对于赵挺之而言非常正常,非常符合官场政治的一般逻辑,但是赵挺之的这个选择对李清照打击很大,也使得她一下子从幻想的美梦中惊醒。

合卺初嫁的她原来每日只是与赵明诚生活在神仙般恩爱的日子

当中，赵挺之的作为或许让她第一次领略到政治的残酷与冷血。原来现实生活并不像鲜花那样楚楚动人，原来公公欣赏她的文采，也可以同意她与赵明诚的婚事，但并不意味着他可以为家人放弃自己的政治前途。这个事实是如此的冷酷、真实，真实得让二十来岁的李清照感到从未有过的心寒。

李格非最终受到了什么样的处罚，史书上并无明确记载，他并不是旧党中的显赫人物，或许只是罢官遣返回乡。但对于李清照而言，这已经不那么重要，重要的在于：

一、这一场政治的巨大变故，让一直处在真空与温室当中的李清照对世道人心有了清醒、深刻的认识，使她渐渐走向了成熟，这对她后来的文学创作产生了重要的影响；

二、从李清照写给公公的第二首诗来看，她的思想个性依然是那样的鲜明，依然爱就自由地爱、恨也明白地恨。即使献诗的对象是身居相位的公公。

由此可见，李清照身上的确是有一股一般女子没有的胆略、气魄，这种鲜明的个性并没有因为嫁入宰相之家后就削减，反而更加浓烈了。这或许正是我们之所以如此欣赏李清照、喜欢李清照的地方。

事实上，此时不仅是李格非的命运不可预测，就连李清照也面临着不可预测的惩罚。因为按照朝廷的诏命，元祐党人子弟不得在京城居住、任官。不过，我们认为，李清照可能并没有被驱逐出东京，因为到崇宁五年（1106），政治局势发生了变化，朝廷下令毁《元祐党人碑》，解除了对元祐党人的禁令，李格非等人获得赦免。而在崇宁三、四年间，赵挺之先后担任中书侍郎，门下侍郎（相当于副宰相），赵明诚则担任鸿胪少卿。李清照既已嫁到赵家，她此时的身份当然主要不是李格非的女儿，而是宰相赵挺之的儿媳妇、鸿胪少卿赵明诚的夫人。在赵家权倾朝野的时候，她被驱逐出京的可能性很小。

再者，宋徽宗大观元年以后，因遭到蔡京迫害，赵明诚兄弟被迫离开东京，当时李清照是与赵明诚一起返归青州老家的，也可看出，她此前是一直与赵明诚居住在东京汴梁。

虽然身在东京，但失去家门托依的李清照的的确确处于孤立无助的境地。此时身为夫婿的赵明诚又是如何对待李清照的呢？

赵明诚的表现还是令李清照深感宽慰的。

显然，我们不可能要求赵明诚去公开地反对父亲，彻底与他的父亲决裂。作为一个刚刚走向仕途的年轻人，他当然需要宰相父亲的支持。但这并不意味着赵明诚完全认同父亲的某些做法，认同父亲的政治立场。我们在第一章中介绍过，赵明诚非常喜欢搜集苏轼、黄庭坚的字画，因为这个缘故，还很让他的父亲不高兴。在宋徽宗崇宁二年（1103），朝廷"诏毁刊行《唐鉴》并三苏、秦、黄等文集"（《宋史·徽宗本纪》），下令销毁苏洵、苏轼、苏辙父子以及苏门弟子诗文集的印版，天下凡是苏轼题写的碑文石刻，也全部损毁。在如此情况下，赵明诚还保存甚至继续收藏苏轼、黄庭坚的诗文字画，这简直就是"顶风作案"。但由此却可看出赵明诚对于苏轼等人的情感认同与人格认同。他虽不可能直接解救李清照的父亲，但是，在那个"炙手可热心可寒"的政治寒冬中，赵明诚对苏轼、黄庭坚这些李格非老师与朋友的欣赏与喜爱，就足以让李清照感受到一丝春天的暖意了。这对她多少都是一种安慰：自己心爱的丈夫，还是自己可以依靠、可以抚慰心灵创伤的温馨港湾。

但人非草木，生活环境虽然安定，如果心绪不佳也是枉然。在当时那种情况下，李清照虽不必担心个人安危，但遭受大变，失去家门托依，感受了时局动荡、人情冷暖的李清照，心情必定不佳，幸而有赵明诚这个知己丈夫的相伴，才让她那颗被世情凉透了的心，慢慢地恢复了温度。

世事反复　风波又起

世事如棋，政治风云变幻莫测。

当赵挺之受到蔡京力荐官拜尚书右仆射时，可以说是权倾朝野，赵家也是门庭若市，鸡犬升天，短短数年间，赵明诚一路升迁，官居鸿胪少卿，正六品，大体相当于现在的外交部礼宾司司长。

但炙手可热之下，也隐藏着重大的政治危机。当旧党人物已被驱逐殆尽之后，蔡京与赵挺之之间的矛盾就开始暴露出来。据史书记载，赵挺之"既相，与京争权，屡陈其奸恶，且请去位避之。……乞归青州，将入辞，会彗星见，帝默思咎征，尽除京诸蠹法，罢京，召见挺之曰：'京所为，一如卿言。'加挺之特进，仍为右仆射"（《宋史·赵挺之传》）。赵挺之对蔡京的许多奸佞之举并不苟同，且屡陈其奸恶。宋徽宗崇宁五年（1106），赵挺之因"彗星见"的天助之力，在与蔡京的政治恶斗中，得到一次胜利，位极人臣。但世事反复，宋徽宗大观元年（1107），蔡京因"其党阴援于上……复拜左仆射"（《宋史·奸臣列传·蔡京传》），再次担任宰相，赵挺之最终败给了善于结党营私的蔡京。两个月后，他被迫辞去宰相之职。这一次赵挺之没有能够在政治风浪中恢复体力，回家五天之后，他便病逝了，终年六十八岁。

赵挺之一死，赵家的灾难便开始了："挺之卒之三日，京遂下其章，命京东路都转运使王勇等置狱于青州鞫治（审讯）。俾开封府捕亲戚使臣之在京师，送制狱穷究，皆无实事，抑令供析，但坐政府日，有俸余钱，止有剩利至微。具狱进呈，两省台谏文章论列：挺之身为元祐大臣所荐，故力庇元祐奸党。盖指挺之尝为故相刘挚援引也。遂追赠官，落职。"（宋徐自明《宋宰辅编年录》卷12《赵挺之行传》）

蔡京等人罗织罪名，诬陷赵挺之，甚至将其指为元祐党人。赵

三杯两盏谈酒

怎敌他晚来风

急

李清照《慢》词句

丁酉夏 康震书

明诚兄弟也被投入监狱，后来虽然洗清冤情出狱，但是兄弟三人全部被罢免官职，遣返回家乡山东青州闲居。

这一住就是整整十年时间。

这十年当中，李清照与赵明诚的生活情况如何？李清照那些饱含幽怨、感情真挚的词作大都写在这十年以及十年之后。那么，在这些脍炙人口的词作背后，到底隐含着多少不为世人所知的情感的秘密呢？

请看第四章《风波再起》。

第四章

风波再起

草际鸣蛩，惊落梧桐，正人间、天上愁浓。云阶月地，关锁千重。纵浮槎来，浮槎去，不相逢。　星桥鹊驾，经年才见，想别情、离恨难穷。牵牛织女，莫是离中。甚霎儿晴，霎儿雨，霎儿风。

——《行香子》

赵挺之去世后，赵明诚兄弟三人遭到蔡京诬陷，被罢去官职，携带家眷回到了山东青州老家。

赵明诚、李清照闲居青州期间究竟是何种境况？

忧困不屈　鹣鲽情深

对仕途一向顺遂的赵明诚兄弟来说，闲居青州肯定充满了失去政治靠山的痛苦、失意、沮丧与难过。但从现有资料看来，有一点可以肯定：赵明诚与李清照退居青州之后，并没有因为政治失意而牢骚满腹、垂头丧气、愤世嫉俗、一蹶不振。相反，用李清照在《〈金石录〉后序》中的原话来说，他们是"虽处忧患困穷，而志不屈"。这里的穷，并不是指经济上的贫穷，而是指政治上的困境，因为赵明诚夫妻在青州"仰取俯拾，衣食有余"。他们虽"穷"却不坠青云之志，这个志指的就是坚持做人的骨气、品格与道德。

赵明诚夫妻为何能够在政治困境中坚强不屈呢？

一个很重要的原因在于，他们夫妻二人感情深厚，彼此相亲、相爱、相知、相敬。特别是李清照，并不因为赵挺之对待自己父亲的态度而迁怒于赵明诚，也并未因为赵家现在遭殃而对赵明诚反唇相讥，幸灾乐祸。相反，她一如既往地给予赵明诚宽容、谅解与关爱，并深情地爱恋着处在人生低谷的赵明诚，这对于身处逆境的赵明诚来说无疑是非常重要的精神支撑。

李清照为青州的居所取名"归来堂",为自己取号"易安居士",以表明淡泊名利、不求闻达的志趣。这个斋名与雅号来自陶渊明《归去来辞》的题目以及其中的两句话:"倚南窗而寄傲,审容膝之易安。"意思是:靠在窗下寄托傲然的情怀,房间虽小仅能容膝,内心却非常满足。

他们夫妻二人能够安于困境,还有一个很重要的原因,就是共同致力于金石碑刻书画文物的收集整理工作。青州十年,这一项工作几乎占据了他们生命的全部,他们的人生价值全都体现在这项工作当中。这其中凝聚着他们的爱情、友情与知己之情,也凝聚着他们对传统文化遗产的热爱与珍视。

其实,精美的文物固然赏心悦目,但整理收藏的工作却是枯燥繁琐的,而赵明诚、李清照夫妇却从中获得了最大的快乐,李清照将这种快乐详细记载在了《〈金石录〉后序》中。

有一次,他们"得书画彝鼎,亦摩玩舒卷,指摘疵病"。得到一批珍稀的古人字画、青铜器皿,于是反复观赏点评。白天把玩一整天仍感到不满足,于是晚上继续看,直到夜深了还不想收起来,最后不得不"夜尽一烛为率",规定点完一根蜡烛后必须休息。看了一天仍看不够,看来这批字画文物真是带给了他们无穷乐趣。

他们两个人还经常比赛记忆力。"每饭罢,坐归来堂烹茶,指堆积书史,言某事在某书某卷第几叶第几行,以中否角胜负,为饮茶先后。中即举杯大笑,至茶倾覆怀中,反不得饮而起"。他们指着成堆的古书,要求说出某一件事在某一本书中第几卷、第几页、第几行,说中者奖一杯茶。李清照"性偶强记",说中了,她举起茶杯得意地大笑起来,一个不小心,茶杯打翻在怀,泼了一身茶水,奖品也没了,岂不好笑?

赵明诚搜集文物,上至上古时代,下至隋唐五代以至当朝;从青铜鼎彝之器到书籍字画,从中原文物到域外珍宝,无所不有。家中的书籍字画堆积如山，"几案罗列，枕席枕藉"，案头、茶几、床头、枕边到处都是书、字画、碑帖，真好比沉浸在书籍的海洋当中，对一个读书人来说，真是"乐在声色狗马之上"。

收藏日渐增多，于是他们便建立图书室："收书既成，归来堂起书库大橱，簿甲乙，置书册。如要讲读，即请钥上簿，关出卷帙。或少损污，必惩责揩完涂改。"即将所有的文物、藏书分类登记造册。谁要看书，先行登记，才能开库取书。如有污损，肇事者务必修改整齐。李清照自嘲说：收集文物书籍本来是为了追求快乐，谁想到越收越多，现在反而弄得两个人把玩、欣赏文物时总需小心翼翼，"不复向时之坦夷也"——没有了最初的坦然从容。但谁又能说这不是一种快乐呢？难怪李清照回忆起这一段难忘经历的时候说，自己"甘心老是乡矣"。

收集文物有快乐，也有意义。赵明诚曾在《金石录序》中说，他致力于收集文物字画碑刻，"非特区区为玩好之具而已"，而是为了"传诸后世好古博雅之士，其必有补焉"。可见，他们收集文物不仅仅为了好玩，而是希望这些金石碑刻文字能够补救文史著作记载的不足，对国家、社会有些用处。

青州十年，赵明诚基本完成了金石学著作《金石录》。其中著录所藏金石拓本二千多种，三十卷，成为继欧阳修《集古录》之后规模更大，更具文物、史学价值的金石学专著。赵明诚也因此成为宋代最杰出的文物收藏家与研究家之一。

毫无疑问，《金石录》的完成，也饱含着李清照的功劳，应该说是赵明诚、李清照夫妻共同协力完成的著作，也是他们幸福美满婚姻、爱情的结晶。赵明诚对于妻子的帮助与支持饱含感激之情。据况周颐《蕙风词话》第二卷的记载，宋徽宗政和四年（1114）秋天，赵明诚特地在"易安居士三十一岁小像"上题词，词曰："清丽其词，端庄其品，归去来兮，真堪偕隐。"清丽的容貌，端庄的品质，淡泊的人格，回到那乡间的田园，易安居士真是我的神仙伴侣！

总之，青州十年，是赵明诚夫妇生活最安逸、最愉快的十年，也是他们婚姻、爱情生活不断发展、不断成熟的十年，更是李清照一生最惬意、最幸福的十年。若说崇宁年间李格非的被罢免、大观年间赵挺之的去世，是赵明诚、李清照人生中的两大变故，那么，青州十年的生活可说是上天赐予他们的补偿。

武陵人远　新愁又添

青州十年，是赵明诚夫妇幸福的十年。在这十年里，蔡京等人陆续退出政治舞台，赵明诚兄弟也开始重新返回仕途之路。这本为天大的好事，但随着赵明诚回到仕途，他与李清照之间却又出现了变故，真可谓一波方平，一波又起。

赵明诚重回仕途，本是件值得欢欣的事，但在李清照的一首词当中，却有些意于言外。这是一首我们都非常熟悉的词——《凤凰台上忆吹箫》：

> 香冷金猊，被翻红浪，起来慵自梳头。任宝奁尘满，日上帘钩。生怕离怀别苦，多少事、欲说还休。新来瘦，非干病酒，不是悲秋。　休休！这回去也，千万遍阳关，也则难留。念武陵人远，烟锁秦楼。惟有楼前流水，应念我、终日凝眸。凝眸处，从今又添，一段新愁。

从内容上看，这首词显然是在思念远在外地做官的赵明诚。

其实细细算来，李清照与赵明诚自从结婚，还未曾真正分开过。刚结婚时一同在东京汴梁生活，后来屏居青州十年，夫妻两人真正各自一方的分开生活，就是此次赵明诚重返仕途之后。这对于长年厮守的夫妻俩，尤其是重情的李清照而言，真是一种残酷的折磨，所以李清照那些缠绵悱恻、思念赵明诚的词作，比如"花自飘零水自流，一种相思，两处闲愁"（《一剪梅·红藕香残玉簟秋》），又如"莫道不销魂，帘卷西风，人比黄花瘦"（《醉花阴·薄雾浓云愁永昼》）等脍炙人口的名篇佳句，几乎都写于这一时期。

但是这一首词里却隐含着一些非同寻常的味道。

这一天上午，李清照起得很晚，香炉中的熏香早已熄灭，床上的被子也乱如红浪。起床了也懒得梳洗打扮。女人本来是最爱美的，李清照为什么要如此蓬头垢面？只因女为悦己者容，赵明诚并不在家，打扮了又有谁看？梳妆盒上都已覆满薄尘，显然赵明诚已经久未返家。

看看镜子中的自己，仿佛比日前消瘦憔悴了许多。为什么这么消瘦？不为醉酒，不为伤秋。几次话到嘴边，可是欲说还休，那"多少事"就是无法说出口。李清照真似有段难言的隐衷，压得她喘不过气来！

终于，好似要极力挣脱这难言的苦衷，李清照嘶喊：休休！——罢了罢了！算了算了！为了留住赵明诚让他不再远行，她唱了千万遍《阳关曲》，但终究不能留，只独留她一人，每天凝眸望着那楼前的流水。而离愁就如东流水，她的爱人却也像这流水，只在她身边作短暂的停留，便又匆匆离去，仅有流水为她见证相思之苦。

词中的蹊跷之处在于所运用的两个典故：一个是"武陵人远"，一个是"烟锁秦楼"。

武陵人远，来自南朝刘义庆所著《幽明录》中的一个神话传说。据说汉朝的时候，刘晨、阮肇二人入天台山采药迷路，遇上两位仙女，乐而忘返，与她们共同在一起生活了大半年。返家后，方知世间已过六世。正所谓"山中方一日，世上已千年"。

烟锁秦楼，是《列仙传拾遗》上的故事，说秦穆公时有个人叫做萧史，擅长吹箫。穆公将女儿弄玉许配给他。弄玉跟萧史作凤凰之鸣，果真招来凤凰，于是他们便乘凤而去。

这显然都是与长久离别有关的典故。但问题在于，在"烟锁秦楼"的典故中，弄玉与萧史双宿双飞。但现实生活中，李清照却没有能够与赵明诚一起飞走，飞到赵明诚的身边。而在"武陵人远"的典故中，那两个人离家迷路后，便与仙女生活了半年的时间，换言之，是个离别后有外遇的典故。那在现实生活中，是否离家外出做官的人亦遇到了仙女？也与她们在一起生活？

李清照在词中不无含混地说："多少事、欲说还休。"究竟是什么事情，让她想说而没法说，也不能说、不便说？在词的结尾，她说："应念我、终日凝眸。凝眸处，从今又添，一段新愁。"只是在凝望流水的一瞬间，又平添了一段新的忧愁。这新的忧愁到底又是什么呢？在李清照的内心，究竟隐藏着怎样的难言之痛？她与赵明诚之间到底发生了什么？

子虚为友　咫尺千里

显然，仅用一首词很难解开这其中的蹊跷与疑问，也不能解开隐藏在李清照与赵明诚之间的秘密。我们仍需更多的证据。

宋徽宗宣和三年（1121），四十一岁的赵明诚奔赴山东莱州任知州。这一次他决定将李清照接到莱州一起生活。如果从宋徽宗宣和元年（1119）赵明诚兄弟先后离开青州外出做官算起，李清照与赵明诚断断续续的离别与分居也已有两三年，现在他们终要团聚，这该是多么令人高兴！他们又可以一起分享读书的快乐，分享收藏金石字画的快乐，彻底解除离别带给他们的相思之苦。

那么，他们夫妻团聚后的生活是否如我们想象的那样美好？

这个答案隐藏在她到达莱州后所写的一首《感怀》诗当中。诗前有一篇很短的小序："宣和辛丑八月十日到莱，独坐一室，平生所见，皆不在目前。几上有《礼韵》，因信手开之，约以所开为韵作诗。偶得子字，因以为韵，作感怀诗云。"

意思是说，我来到莱州以后，独自一人孤单地坐在房间里。这里不像青州，没有满屋的书籍、金石字画，也没有赵明诚的陪伴。看到茶几上有一本考试用的《礼部韵略》，就随手翻开一处，以当下看到的子字为韵，写下这首诗。

这篇小序的格调已是孤单，而诗的内容更为凄恻，诗云：

> 寒窗败几无书史，公路可怜竟至此。
> 青州从事孔方兄，终日纷纷喜生事。
> 作诗谢绝聊闭门，燕寝凝香有佳思。
> 静中吾乃见真吾，乌有先生子虚子。

这间屋子，窗户残破，桌椅陈旧，年久失修。既没有书籍，也没有字画，令人好不难过。我真像当年三国时兵败惨死的袁术一样走投无路，落到这步凄惨孤单的结局。就是因为人们都羡慕美酒佳酿、追求荣华富贵，所以才会放弃潇洒自在的乡间生活，来到这破败凄凉的地方，为那些杂乱琐碎的世俗之事四处奔波，自己的丈夫赵明诚不就是因为这样才不能陪伴在自己的身边吗？

我一人待在这个冷清破败的小屋子里，真是百无聊赖、了无心情，只好关起门来孤单地坐着，写一两首诗，聊以排遣内心的寂寞。谁能说我没有朋友陪伴呢？我有两个最好的朋友，一个是子虚先生，一个是乌有先生，合起来就是子虚乌有，什么都没有。

这首诗令人感到非常奇怪。

它的主题不是离别，也不是相思，而是非常沉重的抱怨、埋怨。但这种埋怨并不符合李清照一贯的做人态度。李清照来到赵明诚的新官邸，由于赵明诚也是初来乍到，也许尚无精力、时间来布置新居，更不可能将青州的文物书籍字画全部搬来莱州。而青州十年的朋友知交，亦不可能随着他们来莱州。所以李清照对莱州这个地方的陌生与冷清是在情理之中的事，也是已经三十八岁的李清照未来之前就应想到的。

再说了，李清照来莱州是为什么？主要就是为了能与赵明诚在一起。她来莱州并非为了贪图享乐享受，她从来就不是那样的人，在《〈金石录〉后序》里，她早就表白过自己对待生活的态度："食去重肉，衣去重采，首无明珠、翡翠之饰，室无涂金、刺绣之具。"意思就是不吃大鱼大肉，不穿大红大紫，头上没有珠光宝气，房间里没有雕梁画栋。这就是她对于生活的要求，朴素简单，只要适用就好，只要能够与心爱的丈夫在一起，只要志趣相投，即便生活窘困一点、简单一点，又算得了什么？因此，从李清照的人生态度，以及与赵明诚这么深的感情、彼此的理解而言，她本不该为这样的原因而埋怨赵明诚。

但实际情况是，李清照有着很深的怨气。从表面来看，她是在埋怨这个陌生的环境、冷清的房间，埋怨赵明诚忙于公务，无法陪伴自己。但只要我们细细体会一下这首诗，就能发现，这首诗最浓重的气氛就是：埋怨赵明诚冷落了自己，虽然将她这个妻子接到了莱州，但是却将她彻底丢弃在房间里，不闻不问，甚至让李清照感叹自己没有朋友，只有子虚、乌有先生是朋友，也就是说，赵明诚公务之余也没有陪伴李清照。原来虽然远隔千里，但是两颗心是相近的；现在虽然近在眼前，但两颗心却相距千里。这是最让李清照不能接受、不能理解的，也是最让她感到痛苦的地方。

这是个极为严重的问题，就算赵明诚再忙，两个人毕竟得以聚首，无论如何也不应该让李清照有这么浓重的孤独感与寂寞感，那又是什么原因致使她感到人生都因此变得虚无了呢？

分香卖履　无子得咎

　　我们需要一个答案来解释这一切，因为曾几何时，他们两个人之间是那么的和谐、那么的快乐！难道人生真的如此脆弱，感情真的如此脆弱，天长地久的爱情真的只能在神话中出现吗？

　　俗语有云，夫妻之间，"锅沿儿不离锅盖"，生活中谁也离不了谁，但正因为如此亲近，也就无法避免争执冲突。俗话又说："天上下雨地下流，小两口打架不记仇。"夫妻之间只要能互谅互让，任何问题都能迎刃而解。以李清照与赵明诚的相知相爱，不会不懂这个简单道理。从现存的相关资料看来，李清照绝不会因生活中的琐碎小事而与赵明诚产生这么大的怨气，在她的作品中也很少触及这类题材。因此，我们可以确定，夫妻之间的小矛盾不可能导致李清照发这么大的怨气。

　　那问题究竟出在哪里呢？

　　这就不得不谈到宋代社会蓄养小妾与歌妓的风气。

　　宋代达官贵人以及文人士大夫有蓄养侍妾与歌妓的风气。宋真宗就曾多次鼓励大臣们应当充分地蓄养歌妓来享受生活，他说："时和岁丰，中外康富，恨不得与卿等日夕相会。太平难遇，此物助卿等燕集之费。"（沈括《梦溪笔谈》卷25）宰相王曾非常节俭，真宗居然专门派人为他购买侍妾。

　　宋代士大夫高官家中多蓄养侍妾歌妓。比如，韩琦官至宰相，"家有女乐二十余辈"（《宋朝事实类苑》卷8）；宰相韩绛"家妓十余人"（《侯鲭录》）；连一代文豪欧阳修也"有歌妓八九姝"（《韵语阳秋》），苏轼"有歌舞妓数人"（《轩渠录》）。

　　不仅私人家中、驿馆、酒楼蓄养歌妓，官府、军营也专门豢养一批歌妓供公家宴会的时候娱乐，被称为"营妓"与"官妓"。宋仁宗年间，家妓、官妓不仅成了达官显贵、文人墨客、官吏商贾生活中的一部分，而且成了主人交易、朋友互赠的一种礼品。

如此浓厚的风气下，甚至太学中的太学生，也常常出入歌楼妓院或发帖召唤歌妓前来太学中陪酒。在这种风气的影响下，赵明诚无论是在太学读书还是在官府为官，都不可能免俗，所以他在家中或者官府蓄养侍妾乃至歌妓都是非常正常的现象[①]。

有一个非常鲜明的证据说明，赵明诚的确曾经蓄养侍妾与歌妓。李清照在《〈金石录〉后序》中记述赵明诚去世时的情景时写道："取笔作诗，绝笔而终，殊无分香卖履之意。""分香卖履"的典故出自曹操的《遗令》："余香可分与诸夫人。诸舍中无所为，学作履组卖也。"意思是将家中的部分财物分给各位夫人、侍妾，并交代她们学会自食其力。李清照从反面使用这个典故是为了说明：赵明诚临终之时，并没有像曹操那样将家中的财产、家业交付给其他的侍妾。但从正面来看，却又正好说明赵明诚生前是有侍妾的。

可是，问题在于，既然赵明诚早年就可能蓄养侍妾、歌妓，为什么李清照当时不发怨气，偏偏在这次长久分别后的莱州团聚时爆发出来呢？

我们或可做个合理的推测。

赵明诚年轻时，可能在太学或者官府里与歌妓有过交往，但那时他的社会地位、经济基础都不高，没有能力专门在家中蓄养歌妓。后来与李清照结婚后，情投意合，幸福美满，加上从东京汴梁到青州十年，两人都长年厮守在一起，并不大可能蓄养侍妾与歌妓。即便有蓄养，也多半出于娱乐的目的，不过是逢场作戏，他的全部感情与心思还是放在李清照的身上。对于这一点，李清照心里应是非常明白的，所以可能并不介意。

但是这一次有所不同。赵明诚离开青州后，先后在几个州郡做

[①] 关于宋代朝野士人蓄养侍妾、歌妓的事实，可以参看《东京梦华录》《清波杂志》《曲洧旧闻》《醉翁谈录》《癸辛杂识》《挥麈后录》等宋代史料笔记。

官，尤其现在做了莱州知州，已有经济基础与政治地位，身边萦绕着越来越多年轻漂亮的女性。而李清照虽然才华出众，气质优雅，但毕竟已近四十，如何再能够像年轻时那样明媚鲜艳、青春焕发？在丈夫的眼中，结婚二十年的妻子虽并不老，但或也有点人老珠黄之嫌。在这种情况下，他的心思、他的感情，不免开始慢慢转移到其他那些年轻漂亮的侍妾身上。对于丈夫感情上这种细微微妙的变化，像李清照这般聪颖、敏感的女性怎能感受不到？也许，在她看来，丈夫这一次并非逢场作戏——不仅是娱乐，而是要在感情上抛弃自己了。

现在，我们就可以理解，李清照在《凤凰台上忆吹箫》中使用那两个典故的因由了。丈夫看来真如那两个采药人一样，进入深山，与仙女相会去了。丈夫与那些漂亮的侍妾乘着凤凰双宿双飞，却把自己留在这孤独冷清的房间里。

或许有人认为，不会如此严重吧？毕竟他们是多年的夫妻，彼此相知、相亲、相爱这么多年，赵明诚不过是一时被几个漂亮的侍妾所迷惑，等过一段时间一切都将恢复正常的。

有如此想法的人，可能还没有意识到问题的严重性。对李清照而言，为何会有这么强烈的婚姻感情危机感？如此才华出众而自信的女词人为何忽然对丈夫失去信心？为何产生这么巨大的孤独感与寂寞感？为何会有这么大的痛苦？

答案或许就在以下这两条材料当中：

第一条材料，在南宋人翟耆年的金石碑刻文字著作《籀史》中。其中说到赵明诚文物收藏极为丰富，但"无子能保其遗余，每为之叹息也"。意思是：赵明诚的收藏虽然丰厚，但是没有子女继承这些东西，每每为之叹息不已。《籀史》写于宋高宗绍兴十二年（1142），这个时候李清照还在世，赵明诚的许多朋友、亲戚也都在世。翟耆年在书中也并非专门要提及这个话题，只是在讲述赵明诚收藏时顺笔提及赵明诚与李清照没有子女，可见在当时，这是一件众所周知的事实。

第二条材料，在南宋人洪适撰写的金石文字著作《隶释》中。其中谈到赵明诚身后之事的时候，说到"赵君无嗣"，即赵明诚没有后代。《隶释》写于宋孝宗乾道二年（1166），距离李清照去世不过十四五年时间，这个记载也是可信的。

这两本书一个成书于李清照在世时，一个作于她身死之后，都是研讨金石碑刻、篆隶文字的学术著作。翟耆年与洪适都是金石学研究的有学之士，并非搬弄是非的小人，他们对于赵明诚、李清照的情况该是了如指掌。所以他们所说的赵明诚没有子女的事实应该是可信的。

原来，让李清照如此难过痛苦，如此欲说还休的"多少事"就是：她与赵明诚结婚二十多年，居然一直没有生育子女。

古语云：不孝有三，无后为大。

身为一个女人、一个妻子如果无法生育，尤其是不能给丈夫生育一个儿子，那她在家庭中的地位，在丈夫心目中的地位、价值，就会一落千丈。我们甚至可以这样说，在古代，一个不能生育男孩甚至根本不能生育的妻子，在家中几乎是没有地位的，而且最终也会丧失丈夫的关爱以及对家庭财产的继承权，对于她们来说，这将意味着感情与财富的双重失败。

问题在于，赵明诚是拥有侍妾的，但始终未有生养，这不能生育的责任似乎并不能全由李清照承担。但在古代，只要没有子女，舆论一般都会将罪责指向为人妻者。

试想，此时此刻的李清照怎能不痛苦，怎能不难过，怎能不悲观甚或绝望？

难道，赵明诚与李清照这一对天作之合的神仙眷侣、美满伉俪的感情就这样走到头了？他们的感情还有机会和好如初吗？

请看第五章《国难当头》。

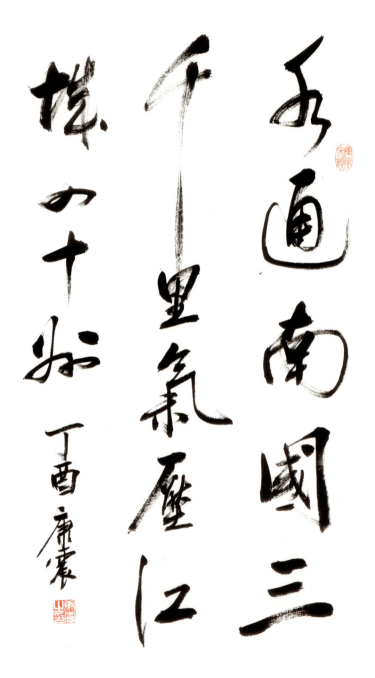

千里气压江城，水通南国三千派

丁酉 康震

第五章

国难当头

寒日萧萧上锁窗，梧桐应恨夜来霜。酒阑更喜团茶苦，梦断偏宜瑞脑香。　　秋已尽，日犹长，仲宣怀远更凄凉。不如随分尊前醉，莫负东篱菊蕊黄。

——《鹧鸪天·寒日萧萧上锁窗》

李清照与赵明诚在历经了十余年福祸相依的岁月后，夫妻感情产生了波折，这些波折让李清照在情感上经历煎熬与折磨。李清照本就是敏感而多情的女性，她全心在乎、全意关注着赵明诚，赵明诚不仅仅是她在感情上的最大寄托，也是她在志趣、精神上的最佳伴侣，失去了赵明诚的爱、赵明诚的呵护，甚至赵明诚对于她稍有一点冷落疏远，都会造成李清照在精神上、情感上的巨大波动。这恰恰说明传统时代的女性在社会生活、家庭生活、情感生活中的依赖性、危机感与不确定性。李清照作为词人作家，将这种女性纤细的情感表达得更加细腻，更加耐人寻味。

奇文共赏　烛跋不寐

赵明诚与李清照毕竟是对志同道合、知心知音的夫妇，虽然在生活中因种种因素，让他们之间的关系出现一些问题甚至是裂痕，但这并不意味着他们的婚姻就要走向终结，也并不意味着赵明诚就要彻底抛弃李清照。

在清人缪荃孙所著的《云自在龛随笔》上有一则关于赵明诚的故事，通过这个故事，就能看出存在于两人之间相知、同享的情感。

赵明诚于莱州担任知州满三年后，到淄州（今山东淄博）担任知州。淄州境内有个邢氏村，村庄坡地平展开阔，流水清澈明亮，草木丛林郁郁葱葱，院墙屋角坚实错落，似乎是隐士居住的地方。村中有户人家，主人叫邢有嘉，热情好礼。四五月份的一天，赵明诚前去探访他们，院落当中繁花似锦，主人看重赵明诚那质朴纯净的读书人秉性，取出家藏白居易手书佛教典籍《楞严经》让他欣赏。这一部白居易手书之《楞严经》，共一百篇，三百九十七行，用楷书写在唐代笺纸上，是《楞严经》第九卷的后半卷。

赵明诚欣喜若狂，带着这幅白居易的手迹，上马飞奔回家。赵明诚为什么如此心急着要回家呢？原因主要有二点：

第一，白居易本身是唐代的大诗人，是一位有着相当佛教造诣的居士，同时也是北宋士大夫非常景仰的士人代表，能够得到他亲笔手书的佛经，自然是非常难得也非常有意义，因此要急着赶回家去细细品味。

第二，陶渊明曾经说过："奇文共欣赏，疑义相与析。"读书人最大的快乐之一，就是能够与自己的知音或者朋友共同分享读书的快乐。那么对于赵明诚而言，收藏文物金石字画是他最大的快乐，能够与他共同分享这份快乐的知音，当然就是他的结发妻子李清照。所以他要快马加鞭，赶回家去，将这件书法珍品与妻子一起欣赏、品鉴。

赵明诚回到家中，与李清照一同细细品赏这幅手迹，不知不觉已经是二更天了，约略相当于现在深夜十一点多钟。其实，如果从赵明诚在邢家骑马返家算起，那么也已有五六个小时了。

赵明诚与李清照一边浅酌一边赏书，真是其乐无穷。饮酒口渴了，便沏茶来喝，他们喝的可不是一般的茶，而是非常名贵的小龙凤团茶。小龙凤团茶是宋代四大书法家之一的蔡襄，在福建做官的时候，在当地名贵的龙凤团茶基础上改造而成，作为向皇帝进贡的贡品。欧阳修在为蔡襄所撰《茶录》写的《后序》中有着相关的记载：

　　茶为物之至精，而小团又其精者，录序所谓上品龙茶者是也。盖自君谟始造而岁贡焉。仁宗尤所珍惜，虽辅相之臣，未尝辄赐。惟南郊大礼致斋之夕，中书、枢密院各四人共赐一饼，宫人翦金为龙凤花草贴其上，两府八家分割以归，不敢碾试，相家藏以为宝，时有佳客，出而传玩尔。（《欧阳修全集》卷65）

　　这种茶是用茶模具将茶压制成有龙凤花纹的薄饼，饰以金箔，再涂上一层蜂蜡而制成的。当时的仁宗皇帝赵祯对小龙团茶也极为珍爱，虽宰相等中枢大臣也不曾轻易赏赐，只有在每年南郊祭天地的大礼中，中书省和枢密院两府八位大臣才共赐一饼。八个人一饼茶，只好一分为八，每人一份。蔡襄造龙凤团茶，八块茶饼一斤重。小龙凤团茶二十块茶饼约略一斤重，宋代一斤大略相当于十六两，也就是说一块饼不过零点八两。二十块茶饼值二两黄金，每一块茶饼约值零点一两黄金。可谓赏茶犹如秤金！将这一点点黄金般的茶带回家后，他们还不舍得品饮，都当作传家之宝珍藏着，偶尔有贵客嘉宾临门，才拿出观赏一阵。

　　这其中所代表的含义即是说，只有赵明诚夫妻如此独具慧眼的优秀文物专家才会欣赏如此珍贵的文物，而欣赏如此珍贵文物的过程也必须配上这样珍贵的好茶，而如此珍贵的极品茶也只有李清照、赵明诚这样的才女雅士能赋予它高雅的情趣。

　　李清照本人其实还是一位非常高明的分茶专家。所谓分茶，乃是一种煎茶的方式，如《茶经·五之煮》上所记："以竹筴环激汤心，则量末当中心而下。有顷，势若奔涛溅沫，以所出水止之，而育其华也。""华之薄者曰沫，厚者曰饽，细轻者曰花。如枣花漂漂然于环池之上，又如回潭曲渚青萍之始生，又如晴天爽朗，有浮云鳞鳞然。其沫者若绿钱浮于水湄，又如菊英堕于樽俎之中"。意思是说，在煎茶的过程当中，用汤匙或者筷子搅动茶乳，使茶乳或茶水的波纹变幻成各种山水花鸟的形状，这种景象虽然在转瞬之间便消失了，却是一种非常有趣也很雅致助兴的煎茶之法。李清照在两首词中都曾记录了自己的分茶之道："豆蔻连梢煎熟水，莫分茶。枕上诗书闲处好，门前风景雨来佳。"（《摊破浣溪沙·病起萧萧两鬓华》）"当年，曾胜赏，生香熏袖，活火分茶。"（《转调满庭芳·芳草池塘》）

赵明诚与李清照的书斋生活真令人羡慕！他们俩一边品味着小龙凤团茶，一边展玩这幅字迹，两个人都高兴得近乎发狂。燃尽两只蜡烛，已是午夜时分，但仍了无倦意，无法入睡……

由此而知，当时赵明诚所遇到的歌妓，所娶的小妾，可能貌美如花，青春靓丽，声情婉转，能满足赵明诚一时的耳目之乐，但赵明诚并不能与她们分享自己内心真正的快乐，她们永远也无法体验到李清照与赵明诚之间相濡以沫、知音相惜的人生况味。这意味着，在人生的旅途中，在夫妻携手同行的旅途中，也许会历经许多的风雨，也许两个人会走上歧路，但最重要的是，只要他们的手中牢牢地握着彼此的爱情信物，就一定会找回自己的另一半，就一定能再次聚首同行。

对于赵明诚和李清照而言，他们的爱情信物就是他们几十年来的相爱、相知，就是几十年来共同从事的文物金石字画的收藏品鉴事业，就是他们几十年来共同的高雅生活情趣。

经过了一段时间的风风雨雨，一段时间的感情波折，赵明诚、李清照夫妇终于再次言归于好，或者说慢慢修复了情感的裂痕，重新又回到了恩爱、相知、同享诗书之乐的生活。但是他们这一对生活在山东淄州的文物专家伉俪，也许还不知道，就在他们言归于好、修复感情创伤的时候，他们的国家——北宋皇朝却正面临着恐怖的灭顶之灾。他们的小家庭修复了，但是北宋"大家庭"却要破裂了。

烽烟四起 风云剧变

北宋时期，由于采取强干弱枝、重文轻武的政策，以及党争频仍等，造成了国力积弱不振，引致辽、西夏以及东北方的金国的入侵。北宋与辽国、西夏国长年对峙，北宋通过每年送给两国巨额的金帛岁币来维持短暂的和平。后来，金国崛起并不断强大，辽国、西夏国日趋衰败，北宋朝廷与金国订立同盟，决定合力攻打辽国。然而，北宋军队将领昏聩，军纪涣散，军事素质低下，在与辽军的交战中连连惨败，让金国看到了可乘之机。

宋徽宗宣和四年（1122）正月，金国的军队攻克辽国国都大定府，辽国灭亡。三年后，宋徽宗宣和七年（1125）十月，金兵大举南下，直取北宋国都汴京。宋徽宗在极度惊慌中将皇位让给太子，宋钦宗即位，组织抵抗，汴京得以保全。但是危机并没有就此消除，一年以后，宋钦宗靖康元年（1126）八月，金兵再次攻打汴京，闰十一月，攻陷汴京。靖康二年（1127）二月，金人废黜宋徽宗、宋钦宗，北宋皇朝灭亡。三月，宋徽、钦二帝以及三千多后妃、赵氏宗室及大臣被金兵押往金国。五月，康王赵构在南京应天府即今河南商丘宣布继承皇帝位，是为宋高宗，南宋皇朝建立。

北宋灭亡有着多重原因，比如：在一百多年的时间里，冗兵、冗官、冗费等多种社会弊端愈演愈烈，形成了严重的国内社会经济危机；北宋皇朝对外向来采取妥协忍让、以金帛岁币换取和平的政策，而国家的军事力量极其虚弱；宋徽宗登基以来，朝廷上下被表面的和平与繁荣景象所遮蔽，那些有思想、有见识的士大夫所忧患的也大多是所谓的内忧，对于外患的威胁并不十分清醒。这使得整个社会对亡国的灭顶之灾缺乏深刻的认识与预见性。

与当时的社会大环境一样，赵明诚与李清照就长久地沉浸在个人家庭生活的小圈子当中，他们的诗词文章当中，主要是反映他们的感情生活、家庭生活以及文物收藏生活，却很难看出对国家前途命运的关注与思考。他们似乎生活在与外界隔绝的世界当中，朝廷上下内外发生的许多重大社会历史事件似乎都与他们无关。

就如从宋徽宗政和元年（1111）到宣和七年（1125）的十四年间，朝廷内外先后发生了宋、金两国订立攻取辽国的"海上盟约"，金国攻灭辽国，宋、金两国就燕京、西京归宋的问题交涉，金兵大举进攻汴京等等重大历史事件。大略从1111年至1118年的这个时期，赵明诚与李清照正是退居山东青州之时，而且与西京大同、燕京、东京的距离都不算太远，但从他们的诗文作品中却看不出他们对这些事件有什么积极反映。由1119年至1125年，赵明诚先后在莱、淄二州任职，根据李清照自己在《〈金石录〉后序》上的描述，"后屏居乡里十年，仰取俯拾，衣食有余。连守两郡，竭其俸入以事铅椠。每获一书，即同共勘校，整集签题。得书画彝鼎，亦摩玩舒卷，指摘疵病，夜尽一烛为率。故能纸札精致，字画完整，冠诸收书家"。也就是说，当时最吸引他们夫妻二人目光的依然是金石文物收藏。

但覆巢之下岂有完卵？"靖康之变"改写了北宋皇朝的历史，也改变了他们夫妻的命运！

他们想远离政治、远离社会，政治却要来干涉他们，不仅是干涉，更要破坏甚至毁灭他们的生活。换言之，他们家庭生活的小船刚刚恢复了平衡，回归平静，但北宋"大家庭"的毁灭终将为这个小家庭带来灾难性的打击。当时，宋、金交战的战火虽然还没有波及山东淄州，但是身为淄州知州的赵明诚已经切身感受到了战火的气味。宋人许景衡在《横塘集》中记载："敕，逋卒狂悖，惊扰东州。尔为守臣，提兵帅属，斩获为多。今录尔功，进官一等。"淄州境内经常会有从宋、金交战的战场上溃散下来的散兵游勇，他们聚众滋事，扰乱民生，赵明诚不得不派兵予以镇压，维护淄州境内的安全，他还因此官升一等。

战火已是迫在眉睫，他们即将陷入这个时代大灾祸的洪流之中。

恋恋怅怅　四顾茫然

李清照在《〈金石录〉后序》中写道："闻金寇犯京师，四顾茫然，盈箱溢箧，且恋恋，且怅怅，知其必不为己物矣。"听闻金兵已经攻灭京师，环睹四下，心中一片茫然，不知如何是好。直至此时，他们才真正意识到，国家这个大家庭对他们这个小家庭有着莫大的影响，战端一起，天下之大，竟已无法放置一张平静的书桌，更何况他们两人几十年来收集、整理的盈箱溢箧的文物金石字画。他们痴望、把玩着这些文物，心中无比留恋，但又怅然若失，暗自揣思：这些珍品将再也不可能为自己所有了，将会流落何方？最后是什么遭遇？唯有天知道了。

虽说只能听天由命，但总得做出一些安排。

世事总是如此巧合，正在两人运筹盘算之时，宋高宗建炎元年（1127）三月，赵明诚的母亲郭氏在江宁（今江苏南京）去世。赵明诚兄弟在蔡京失势后都离开青州重新走入仕途，他的两位兄长存诚、思诚当时皆在东京开封朝中任职，并且官职不低，母亲郭氏势必也已随长子居住于东京。后来应是因为时局不安，于是在东京遭受战火波及之前，母亲郭氏被送往江宁躲避战乱。如今，母亲去世，依循古礼，赵明诚兄弟必须离任赴江宁奔丧。

与此同时，宋徽、钦二帝已经被金兵俘虏，金国立张邦昌为伪楚傀儡政权首领，据守开封。北方的十余个州郡皆被金人占领。时势板荡，李清照与赵明诚必定要通盘考量情势，为未来做出打算，而他们必先考虑的是文物字画的去处。李清照在《〈金石录〉后序》中对此有详尽的记载：

　　既长物不能尽载，乃先去书之重大印本者，又去画之多幅者，又去古器之无款识者，后又去书之监本者，画之平常者，器之重大者。凡屡弃去，尚载书十五车。至东海，连舻渡淮，又渡江，至建康。青州故第，尚锁书册什物，用屋十余间，冀望来年春再备船载之。

根据这一段记载，我们可大体推断出李清照与赵明诚当时所做的安排：

　　第一，赵明诚携带一批文物字画先行至江宁府。根据之前所叙，赵明诚在淄州任内，一直积极从事文物金石之搜集与整理，淄州距青州甚近，赵明诚极有可能已陆续将收藏在青州老家的一些文物精品运来淄州，以供他们夫妻品鉴。由此可知，在淄州的金石文物字画数量必定不少，以至于需要殚精竭虑地苦心安排运送的先后次序。因体积、面积过大者不易载送，因此先排除书籍当中过重过大的刻印本；接着排除多图幅的字画，因为数量依然太巨大；再对那些未有标识、落款的古器、朝廷国子监刻印的易得书籍、无特别价值的普通字画以及过重过大的器皿，一一筛拣、排除，如此严苛剔选，居然还装满十五车，可见赵明诚夫妻在淄州收藏之丰富。无论文中之"车"所指为何种车，十五车之数也非同小可。这虽是一次奔丧，却也是他们夫妻逃难避难生活的开始。如果此时再不运走，以后的运送将会倍加困难，而这么大量贵重的文物，放置于烽烟四起的北方，自是岌岌可危。这满满十五车文物先由陆路运到东海，即现在的连云港市附近，然后再通过前后相连的多艘大船运送渡过淮水、长江，最终到达江宁府。

　　第二，李清照为何不随之同行呢？她放心赵明诚吗？而将李清照孤身留在北方，赵明诚放心李清照吗？那自是因为李清照还有更重要的任务，即暂留于淄州或是青州，准备将遗留在青州"用屋十余间"的大量文物金石字画在第二年的春天再运往江宁。此外，赵明诚生性孝悌，接获噩耗，必在最短的时间内南下奔丧。考虑到北方战事紧急，他想就此机会将家中最珍贵的文物运往江宁，但留置于青州的文物也让他牵挂。两人深思苦虑后，为了保全文物，做出让李清照冒着遭遇战乱的危险，独留于青州的决定，同时整理文物并一应家务，等第二年春天再预备船只运往江宁。幸好，到了四五月间，据守开封的伪楚政权张邦昌迫于巨大的压力，不得不将开封交还宋朝，由抗金名将宗泽担任东京留守，负责开封的防务。整个河北、山东、河东地区的形势因而得以缓解。

国破流离　文物历劫

然而谁又能想到，即便他们夫妻做了如此大胆而且周密的安排，青州的文物最终仍未能保全。

宋高宗建炎元年（1127）十二月，距离第二年开春不远的时候，处在动荡局势中的青州忽然发生兵变，青州郡守曾孝序派遣手下将官王定去平定兵变，结果兵败而归。曾孝序严厉督责他再次出战，否则以军法处置。王定狗急跳墙，发动手下败兵倒戈反击曾孝序，曾孝序父子惨遭叛军杀戮。

在这样危急的形势下，收藏在青州的文物"凡所谓十余屋者，已皆为煨烬矣"（《〈金石录〉后序》），即十余屋的文物都在战火中化为灰烬了。李清照虽无力保全这些文物，但值得庆幸的是，她还是尽其全力地保护了部分最珍贵的文物。赵明诚曾在《蔡襄〈赵氏神妙帖〉跋》中对这件事有清晰的记载："此帖章氏子售之京师，余以二百千得之。去年秋西兵之变，余家所资，荡无遗余。老妻独携此而逃。未几，江外之盗再掠镇江，此帖独存。信其神工妙翰，有物护持也。"赵明诚说这本《神妙帖》本是自己花费了二十万钱从东京章氏人家购买来的，兵变发生之后，青州家中所有的贵重物品全都荡然无存，老妻逃出时，唯独携带着此帖。后来李清照乘船南下，经过镇江之时，又遭遇强盗的抢掠，只有这幅字帖保存完好无损，赵明诚不禁感慨：这定是有神明护佑！

大批的文物虽然葬于战火，但李清照总算完整地保存了《神妙帖》等极其珍贵的文物，总算在与丈夫分离、历经重重劫难之后再次团聚。这在日趋混乱的岁月中是最为珍贵的。

此时赵明诚的身份已经是江宁知府。依循古制，父母死后，子女本须按礼持丧三年，其间不得行婚嫁之事，不预吉庆之典，任官者并须离职，称"丁忧"。宋时由太常礼院掌其事，凡官员有父母丧，须报请解官。但以当时危难的政治形势而论，显见无法执行此种惯例。北宋灭亡，大批官员不是被掳至金国，便是滞留在北方，甚或死伤。刚刚即位的宋高宗，在金兵的追击下，一路南窜，新建的南宋皇朝，迫切需要大量的官员管理地方事务。

宋朝的时候，府是最高等级的地方行政单位，比州的等级要高。南宋时，全国共设置四十二府，而州则有二百四十多个。知府中最高的等级，如开封府这样的京府，知府为三品。而像江宁这样的次府，知府则为四品，至于一般州的知州就是五品。

当宋高宗逃至扬州之时，朝野上下普遍有一种论调，认为应当定都江宁，其原因在于：

一、江宁为六朝古都，有帝王之气，也具有都城的规模；

二、江宁是江南重镇，处在南北对峙的第一线，定都江宁，可以振奋举国抗金的决心；

三、即便不在江宁建都，但江宁在整个东南、江南地区依然具有不可替代的政治、经济、军事地位。

但像赵明诚这样一位不识军情、政治的文物专家，何以能担任如此重要的职务？

其中有着许多因素。

首先，赵明诚兄弟有着宰相子弟的显赫门第，有着二十余年的官场履历，特别在当时，赵明诚的两位兄长，一位任秘书少监，一位任中书舍人，分居朝廷的要职；

其次，赵挺之、赵明诚父子与蔡京是政治宿敌，而蔡京则是宋高宗的政治对立面，因此宋高宗对赵明诚兄弟的关照也是在情理之中的；

再次，赵明诚先后担任过莱、淄等州的知州，也算是有多年郡守经验的官员，在这个多事之秋，任命如此一位笃实的官员也是无可厚非的。

赵明诚、李清照夫妻二人终于在江宁团聚了，在当时那种特殊的历史条件下，他们在江宁府的生活又是如何呢？

从现今可以掌握的资料来看，赵明诚虽然在此危机之秋担任江南重镇的郡守，但并没有因此停下收藏文物的工作。说来可笑，原来为了收藏文物，囊中羞涩，甚或典当衣物；就算后来薄有俸禄，但也是紧衣缩食、倾其所有来购置文物；如今做了重镇郡守，有钱有势，朝野上下颇有薄名，金石界中亦称翘楚，却玉有微瑕，发生了"谢伋携唐阎立本画《萧翼赚兰亭图》过江宁，明诚借去不归"一事。根据《嘉泰会稽志》记载，"此图乃江南李后主故物。周谷以与其同郡人谢伋。伋携至建康，为郡守赵明诚所借，因不归"。谢伋为赵明诚一位表亲之子，曾带着唐代画家阎立本的作品《萧翼赚兰亭图》路过建康，结果这幅画自从被赵明诚借走后，就再也没有归还。这多少也算是权势压人、中饱私囊吧！不过，试想赵明诚对金石文物的那份长久痴迷，也可谅解。毕竟，将这样名贵的字画交到他的手里，我们还是很放心的。

另一方面，作为江宁知府夫人的李清照生活又当如何？是否依然饮酒煮茶品赏字画？是否依然无忧无虑、高雅清淡？

从史料所见，显然不是。在这短短的两三年时间里，李清照的生活转瞬之间发生了天翻地覆的变化，先后经历了国都被占、皇帝被俘、国家灭亡、青州先遭兵乱后遭金兵占领、多年苦心收藏的文物毁于一旦、她与丈夫不得不南窜江宁等重大的生活变故，这两三年里的经历，其复杂性甚于过去四十多年的总和，简直就像开始了另外一个人生。

宋人周煇在笔记杂史《清波杂志》卷八中记载："顷见易安族人言：'明诚在建康日，易安每值天大雪，即顶笠披蓑，循城远览以寻诗。得句，必邀其夫赓和，明诚每苦之也。"

每当下大雪的时候，李清照就会披着蓑衣，顶着斗笠，登上城楼远望，寻觅诗句。只要得到好的诗句，必定邀请赵明诚唱和，赵明诚每每为此感到苦恼。为什么苦恼呢？无非是这样几个原因：

第一，赵明诚身为江宁知府，公务繁忙，实在没有时间陪夫人登楼赋诗；

第二，即便有时间登楼，却苦于文采不足难以赋诗助兴；

第三，既无时间又乏文采，仍要陪她登楼赋诗，那就仅剩夫妻间相濡以沫的深厚感情了。

正是从李清照踏雪登楼赋得的词句中，我们可以看出她当时的心情。

比如在《临江仙·庭院深深深几许》中，她写道：

庭院深深深几许，云窗雾阁常扃。柳梢梅萼渐分明，春归秣陵树，人老建康城。　感月吟风多少事，如今老去无成。谁怜憔悴更凋零，试灯无意思，踏雪没心情。

这是江宁的初春时节，春天虽然到了，但是诗人并不觉得青春焕发，反而觉得更加衰老。回想以前的多少美好时光，如今早已烟消云散，只剩下年华老去而一事无成。又有谁能理解我此刻憔悴凋零不堪的心情呢？唉，这本是正月赏灯的日子，可是此时的我，既无赏灯之心，亦无踏雪寻梅之情。这几句词句，仿佛随手写来，在不经意之间流露出一种落寞无奈的心情，虽然语言非常浅白，但是意味却很深长。

若从常情推断，贵为江宁知府夫人，正是春风得意、无忧无虑，不应有"人老建康城"之感。只需尽情享受自己的吟风弄月，为何说老去无成？

李清照的这些词句，表达的究竟是怎样的一种心情？在江宁，李清照与赵明诚的生活究竟发生了怎样的变故？在未来的岁月里，李清照还将面临怎样巨大的灾难？

请看第六章《生离死别》。

雁字回時

月滿西樓

丁酉年春 康震

第六章

生离死别

天上星河转，人间帘幕垂。凉生枕簟泪痕滋，起解罗衣，聊问夜何其？　　翠贴莲蓬小，金销藕叶稀。旧时天气旧时衣，只有情怀，不似旧家时。

——《南歌子·天上星河转》

在大宋皇朝风雨飘摇之际，李清照历经磨难，辗转来到了丈夫赵明诚担任知府的江宁城，李清照在诗词作品中，淋漓尽致地发挥家破国亡的焦灼与痛苦。李清照在江宁的那段日子，每逢下雪天气，必然登上城楼，远望赋诗，并邀请丈夫唱和。在《临江仙·庭院深深深几许》那首词中，她感慨自己"人老建康城"，感慨自己"老去无成"，对于一个身为江宁知府夫人的贵妇人而言，这样的感慨似是无病呻吟，让人有些不能理解。

但对于秀中有骨、性格鲜明的李清照而言，这样的感慨却完全能够理解。综观前面几章的叙述我们可以看出，李清照不仅仅是一个出身官宦之家的小女子，不仅仅是一位多才多艺的才女，更不仅仅是赵明诚的官太太，而且还是一位爱憎分明、个性独立、不畏权势、富有见识的女中英杰。作为一位战乱时代的弱女子，传统时代的家庭主妇，她当然没有机会、权利走上朝堂，发表自己的政治见解，甚至亲自为国家危难而献言献策，但作为一个有思想、关心国家的文学家，她却可以借助文学作品来表达自己的忧虑，表达自己的心情。

秀中有刚　铁骨铮铮

自从"靖康之变"以来，李清照历经国家覆亡、多年心血皆为煨烬、家园被毁、颠沛流离的创痛，国难家恨的一桩桩巨大变故像鞭子一样剧烈地抽打着李清照的内心，低落愁苦、无法平伏的心情只能借文字宣泄而出。韩愈曾说过，"大凡物有不得其平则鸣"，文学创作也是如此，心中有不平则鸣，自然就会喊出昂扬之声。对于一个伟大的作家来说，这种不平静的心情与心态，必然会酝酿出具有卓越思想水准与艺术成就的文学作品来。

前面所提到的这首《临江仙·庭院深深深几许》就是一首表达不平之鸣的作品。

她说：因为北方金人的铁蹄踏碎了我的家园，才让我不得不流落到南方的建康，才让我平白增添了无穷忧愁。我衰老的不只是容颜，还有我那颗本来安宁、恬静的心。北方金人占据了我的家乡，毁灭了我们多年的收藏，那是我们夫妻俩的生命！琴棋书画、吟风弄月的美好生活永远不会再回来了，只剩下衰老的身躯、憔悴的心情。还能做什么呢？只能在寒风中默默地凋零罢了！我是一个无家可归的亡国之人，那花灯再灿烂、雪梅再俏丽，又与我有什么关系？又何美之有？

不平之鸣有很多种表达方式，这首《临江仙》就是温柔婉约的方式。

当年新旧党争之时，李清照想要请求公公赵挺之救助自己的父亲，但是赵挺之并未施以援手，于是李清照在诗歌当中直言不讳地指责赵挺之"炙手可热心可寒"。现在，当遭到破家之灾、亡国之痛，李清照又如何能仅用温柔婉约的方式表达？她必定还要来一次直言不讳，要用金刚怒目表达对金人的憎恶，更要用金刚怒目表达对当局者的不满与愤怒！

宋人庄绰《鸡肋编》卷中记载："时赵明诚妻李氏清照亦作诗以诋士大夫云：'南渡衣冠欠王导，北来消息少刘琨。'又云：'南游尚觉吴江冷，北狩应悲易水寒。'后世皆当为口实矣！"

意思是说，当初赵明诚的妻子李清照亦曾作诗讥讽当朝的士大夫。"南渡衣冠欠王导"中"衣冠"指跟随高宗南来的士大夫。此句李清照用了一个典故——根据刘义庆的《世说新语》记载，东晋皇朝初建的时候，从北方南渡的士大夫们常常在一起饮酒聚会，有一次，大家望着江南山水，不禁想起北方中原风景，于是相对落泪，非常感伤。只有宰相王导拍案而起，说："当共戮力王室，克复神州，何至作楚囚相对！"大家应该化悲痛为力量，不要像囚牢中的犯人一样悲切对泣，要振作精神，筹谋收复中原失地的宏图大业。

"北来消息少刘琨"中的刘琨与王导同时，乃是南北朝时期北方著名的爱国志士，年轻的时候曾与好友祖逖闻鸡起舞，相约要做出一番事业。西晋皇朝被迫南渡之后，他以太原为根据地，在左右强敌环伺的环境下安抚流民，发展生产，加强防御，积极抗击北方少数民族，成为晋朝在北方敌后的主要代表与权力象征。

李清照这两句诗的主要意思就是：希望现在跟随宋高宗来到南方的士大夫，不要一味沉浸在丧失国土、亡国亡家的悲痛中，要学习王导，振奋精神，积极准备北伐；而滞留在北方的士大夫更不可放弃收复国土的决心，要学习刘琨奋勇抗战到底的精神。

这即是刚刚历经家园被毁、颠沛流离南窜江宁、花费毕生心血收藏的金石文物"皆为煨烬"后，李清照这样一位柔弱女子的内心世界，就是这样一位特殊的官夫人的铮铮铁骨！与她相比，那些一味软弱退让，总是梦想通过讲和来维持苟安局面的所谓士大夫岂能不汗颜？

后面两句的意思更加尖锐。"南游"一句是说，宋高宗君臣以及自己一家人仓皇南渡来到江南，感受到的是吴淞江水的寒冷。这里特别提到吴淞江水的寒冷，实际上是在讥讽宋高宗君臣懦弱胆小、害怕抗战感到胆寒；"北狩"一句是说，北方宋徽宗、宋钦宗等人此时在金人控制下，也定是生活在易水一样冰冷的环境中，忍受着现实与心灵的双重屈辱与折磨。其实这一句也包含一个鲜明的隐意，那就是如果宋高宗君臣一味地懦弱胆小，那远在金国的宋徽宗父子何时才能回归故国？北伐中原、收复故土则更是遥遥无期了！

李清照是婉约词派最杰出的代表人物之一，因此很多人都会认为这样一介女子，不过吟风弄月而已，不过儿女情长而已，殊不知李清照之所以能够在中国文学史上写下重重的一笔，一个很重要的原因就在于她不仅有婉约之情，更有雄壮之气，不仅有雄壮之气，更有非凡的历史洞察力、鉴别力。正是这种洞察与见识，造就了她诗词中不同凡响的思想境界，呈现出时而豪放锐利、时而典重妍婉的美学风貌。

比如对于著名的悲剧英雄项羽，她也是大加赞扬："生当作人杰，死亦为鬼雄。至今思项羽，不肯过江东。"（《乌江》）唐代诗人杜牧曾在诗中说："江东子弟多才俊，卷土重来未可知。"（《题乌江亭》）这是一首为历史翻案的作品，意思是说，假如项羽当初过了乌江，还有卷土重来、东山再起的可能。这两首诗对比起来，李清照的这首诗显然更有一种壮怀激烈的英雄气概。在李清照看来，项羽正因为不过江东，慷慨悲壮地直面死亡，方才显示他顶天立地的人格尊严。这与那些大战一起就缩头缩脑、苟且偷生的部分宋朝官员、将领相比，真是有天壤之别。显然，李清照就是要借项羽这个千古大英雄来对照南宋小朝廷，来激励更多的民众，参与到抗金的队伍当中去。

时局板荡　德甫失节

具有讽刺意味的是，就在李清照奋力写下这些壮怀激烈、金刚怒目的诗篇，怒斥那些贪生怕死的朝廷官员的时候，在她的身边，就出现了一个贪生怕死的典型。这个人竟然就是她的夫君赵明诚。

整件事情详细记录在《建炎以来系年要录》等史籍上。事情的经过是这样的：

宋高宗建炎三年，即1129年，此时赵明诚担任江宁知府已一年半。这一年的二月，御营统制官王亦率领京都部队驻扎在江宁，这个官职比江宁知府略低，但他所率领的军队直属朝廷，不归赵明诚管辖。王亦图谋不轨，企图谋反作乱，他们约定以夜间纵火作为起兵的信号。幸运的是，江东转运副使李谟得知了这个秘密，他马上将这个重要的信息告知江宁守臣、兼任江南东路经制使的赵明诚。说来也巧，就在此时，赵明诚刚刚收到赴任湖州知州的调令，换而言之，此时此刻，他虽然仍在江宁城中，但按理来说，他的身份已经不再是江宁知府，而应是未真正赴任的湖州知州，是身在江宁府的湖州知州。也许正因如此，所以当听到李谟报告这个万分危急的秘密消息时，赵明诚居然采取了事不关己高高挂起的态度。他的道理似乎很简单：我既已不是江宁知府了，发生在江宁府中的事变应当由朝廷任命的新上任的江宁知府来解决。换句话说，不管新任的江宁知府是否已经到任，赵明诚都已将相关知府的职责提前交付给他，也就是说，处理这件兵变事端的好坏结果都与赵明诚无关，而是与那个尚未到任、完全不知情的江宁知府有关。

这或许就是赵明诚处理这件事所坚持的原则立场。然而，任何一个稍有道德良心与理智的人都能看出来，这是一个多么似是而非的道理，简直是强词夺理的逻辑！这不由得让我们想起多年前的一部电影《高山下的花环》，在战斗即将开始的前夜，一位连队教导员接到了调离战斗部队的调令。按道理，他完全可以离开这支即将走向战斗最前线的连队，但是愤怒的连长对他说："你可以选择离开，但在你选择离开的同时，你也就从此选择了可耻的逃兵的道路。"

赵明诚所犯的错误正在于此。

在战乱将起的关键时刻，在新任江宁知府尚未到任之时，在已经知晓乱兵即将谋反的情况下，江宁这座东南重镇的最高首长，或可说已经离任但尚未离城的最高首长，却将关系到全城百姓性命安危的大事置之脑后，不闻不问，这难道是一个有良心、有责任心的好官所当作、所当为的吗？赵明诚做官做到如此苟且贪生、如此冷漠而无动于衷，实在让人为之心寒。

李谟看到赵明诚不予理睬，只好自己采取单独行动。他命令自己的部队以及地方兵民埋伏在乱兵必经的道路两旁，在路口搭建栅栏，阻止乱兵前进。半夜时分，乱兵果然在城中天庆观纵火，鼓噪起兵，企图攻占江宁城。但是由于李谟事先采取的一系列强有力的预防举措，乱兵始终无法攻进江宁城中，最后只好砍开南城门逃离而去。第二天天亮之后，李谟赶紧前去拜见赵明诚，想要汇报昨夜的详情，但万万没有想到，赵明诚与江宁府通判毋丘绛、观察推官汤允恭——三位江宁城首长，居然在昨夜从城墙上吊下绳子，逃命而去。

如果说当初赵明诚本着推托敷衍的心理，打着不在其位便不能谋其政的旗号，不过问此事，或仍有道理可说。但是"缒城宵遁"（《建炎以来系年要录》），连夜从城墙上攀绳而下，乘夜逃走，此等行为简直就是卑鄙无耻、猥琐丑陋！我们姑且不谈城中百姓的命运如何，就是家中的妻儿老小又该如何？李清照又该如何？大批的文物又该如何？幸亏乱兵没有进城，如果乱兵攻进城中，李清照等人的命运真是不堪设想，江宁城的命运真是不堪设想，文物藏品的命运更是不堪设想。

我们也许会非常吃惊，李清照的丈夫赵明诚怎可能如此不堪？

但这确是一个存在于历史上的真实事件，而赵明诚在这个事件当中，显然扮演了一个最不光彩、最丑陋的角色。这与他在此之前所扮演的优秀的文物鉴赏家、收藏家，与妻子相知相伴、相濡以沫的光彩形象并不矛盾。换句话说，赵明诚可能是个非常优秀的学者、学问家、文物鉴赏家、收藏家，也是一个非常好的丈夫，却未必是一个好官，一个有能力的官，一个有责任心的官，更不用说他有多么高的政治道德、政治操守。事实上，正是从这件事情上，我们恰恰能看得出来，宋朝官员特别是知州、知府这一类中高级官员的政治素质。赵明诚的这个事件可能具有一定的偶然性、特殊性，但也可能具有一定的典型性。或许从这个侧面能够解释，为什么北宋皇朝花费巨大的金钱供养了如此庞大的官僚群体，却始终在辽国、西夏、金国的军事打击下节节败退，终至灭亡。也许，正是因为传统时代读书人的唯一出路就是做官，如此一来，不管此人是否具备做官的素质，只要书读得好，科举考得好，便有资格做官。至于他是否能够成为一个合格的好官、有责任的好官，他到底适合从事什么样的职业，反而不是人们关注的问题了。

荣辱与共　难以严苛

临阵逃走的赵明诚遭到了罢官的惩罚。然而，令人吃惊的是，从现在李清照仅存的诗词文章中，却看不到她对于丈夫这次所作所为的任何议论与意见。在那部详载他们夫妻生活感情历史的《〈金石录〉后序》中，提及此事，她仅是非常客观地写着："建炎戊申秋九月，侯起复，知建康府。己酉春三月罢。"即是说，建炎三年九月，赵明诚被起用担任建康知府，到了第二年即建炎四年春三月被罢免。看到这样一句未带任何感情色彩，仅是对事实进行客观陈述的话语，我们的心中会感到疑惑，因为在大家的心目中，李清照是一个疾恶如仇、爱憎分明，仰慕人杰鬼雄的奇女子，而不是一个无动于衷、麻木不仁、视若无睹的冷美人。李清照这一个客观的陈述句引起我们的许多疑问。

这究竟是为什么？难道说，由于对丈夫的偏爱蒙蔽了李清照的是非观念？应非如此，因为就李清照的个性与见识判断，可以肯定地说：她不仅对丈夫的行为有想法，而且也会有评价，关键在于她没有将这样的想法与评价写下来、表达出来。那么，李清照对于赵明诚行为的看法评价究竟如何？为何李清照未将看法评价表达出来？

秉实而论，史料并没有提供标准答案，寻找答案需要结合李清照与赵明诚的生平思想经历，结合当时的时代背景，予以合理的推测与猜想。

第一，李清照究竟会对赵明诚的行为有怎样的看法与评价？从前面我们对李清照的描述来看，她是一个个性耿直、爱憎分明、善于分辨政治是非曲直的奇女子，不寻常的女子。对于赵明诚临阵脱逃这样明显的政治错误，朝廷已给予严厉的惩罚，而且已经罢去赵明诚的官职，应当说，这起事件本身的是非曲直显而易见，李清照对此事的态度必定是坚决鄙弃而且持反对态度，我想这一点是毋容置疑的。

第二，李清照为什么没有在诗文中公开她的这种批评与反对？从内心来说，赵明诚的行为必然让个性刚强的李清照深感失望甚至鄙夷，但是我们还应该认识到，李清照虽然见识超越同时代的人，但毕竟是一个传统时代的女性，她与赵明诚终究是夫妻，况且赵明诚是家里的顶梁柱，是一家之主，赵明诚如果彻底倒下了，那这个家也就崩溃了。所以李清照虽然在政治上对赵明诚深感失望，但在生活上、在家庭内部，反而要更加维护他、照顾他、体贴他。毕竟，居家生活与政治风云是两回事，李清照在政治上的是非感再强烈，也不能以此就对赵明诚宣布决裂、划清界限，更不可能如对待逃兵一般，对赵明诚有什么过激的言行。

第三，赵明诚做出这样不光彩的事情，虽是他的个人的行为，但作为他的夫人，李清照亦同感此辱，俗话说："夫贵妻荣，夫贱妻辱。"夫妻本是一荣俱荣、一损俱损的关系。朝廷对赵明诚的罢官，就已让这家丑传得沸沸扬扬，因此对于当时的李清照而言，最重要的不是如何谴责、批评、教育赵明诚，而是如何将这件事情的消极影响消除到最低限度，如何不要因此而影响到赵明诚今后的仕途。如以道德评断的眼光来看，李清照这样的做法或是丧失原则立场，但生活在那个时代，李清照的眼光不可能超越时代。赵明诚在仕途上的沉浮直接关系到他们的家庭，在这种情形下，李清照又怎么可能再在诗文中公开抨击批评赵明诚呢？

第四，在南宋初期，由于宋高宗小朝廷在政治上对金国一味地忍辱退让，在军事上节节败退，使得许多地方官员在动乱面前丧失斗志、丧失信心、丧失气节，这也就是俗话所说的上梁不正下梁歪。其实，赵明诚这次所面对的兵乱规模并不算大，而且不过是宋朝军队的内乱，他的临阵脱逃也只不过是当时官员临阵脱逃众多事件中之一小件而已。在那个风雨如晦的年代里，君不像君，臣不像臣，将不像将，兵不像兵，人心离散，世道沉沦，当时的人们也许早就对这样的事件见怪不怪了。大难临头，皇帝尚且弃百姓于不顾而抱头鼠窜，何况像赵明诚这样的一介书生、一介文官呢？

分香卖履　杞妇悲深

赵明诚罢官之后，江宁没法待了，湖州也不用去了，根据李清照在《〈金石录〉后序》中的记载，他们先后在安徽芜湖、当涂一带盘桓游弋，并打算在江西赣水之滨定居。五月份，他们到达池阳（今安徽贵池），在这里接到皇帝的圣旨，继续任命赵明诚为湖州知州，此时距离赵明诚被罢免不过三个月的时间。或许是因为当时国难当头，正是朝廷用人之际；或许也是因为赵明诚的两个兄长都是朝廷中的重要官员，反正赵明诚又走上了仕途之路。按照惯例，赵明诚必须立刻去面见宋高宗。此时的宋高宗在金人的追击下，暂居于江宁城，而江宁已改名为建康。也就是说，在事隔三个月之后，赵明诚将重回建康城，回到这个导致他被罢免官职的耻辱之地，来面见皇帝，来重新恢复他的官职。这倒是一个非常具有特殊教育意义的机缘巧合，真是应了那句老话：在哪里跌倒的，从哪里爬起来。

赵明诚要立刻回转建康晋见宋高宗，只好将李清照暂时安顿在池阳，他则一个人从陆路赶往建康。两个人就此分手。在《〈金石录〉后序》当中，李清照对两个人分手时的情景记忆犹新、历历在目，李清照回忆道：

> 六月十三日，始负担舍舟，坐岸上，葛衣岸巾，精神如虎，目烂烂，光射人，望舟中告别。余意甚恶，呼曰："如传闻城中缓急，奈何？"戟手遥应曰："从众。必不得已，先弃辎重，次衣被，次书册卷轴，次古器。所谓宗器者，可自抱负，与身俱存亡，勿亡失也！"遂驰马去。

六月十三日这一天，赵明诚将行李搬到岸上，他坐在岸上，穿着夏天的布衣，头上扎着头巾，露出明净宽阔的前额。他的精神看上去非常振奋，好像猛虎一样富有生气，目光明亮，灼灼射人。赵明诚望着船内，与我告别。我的心情既慌乱又难过，对他喊道："如果在池阳城中遇到紧急状况怎么办？"赵明诚远远地用手指点着说："随着众人逃吧！如果真的遇到紧急情况，迫不得已，那就扔掉那些包裹行李；再不行，就扔掉衣服被褥；如果仍不行，就扔掉书籍卷轴；终是无法避免，那就扔掉古董器皿。只有那些祖宗灵牌牌位等宗室礼器，你自己牢牢地抱着它们，要与它们共存亡，千万不要忘记了！"说完这番话，赵明诚纵马而去，再也没有回头。

从赵明诚与李清照之间的简短对话能够看出，那些古董器皿在赵明诚眼中真是无比的重要。而他给李清照安排的应急预案，最终的结果竟然是与宗室礼器同归于尽。可见赵明诚在经历了建康城的耻辱经历之后，不仅仅懂得了生命的宝贵，更懂得了还有比生命更宝贵、更值得捍卫的东西。

赵明诚那边在岸上千叮咛万嘱咐，唯恐她出什么问题，李清照这边在船上肯定是连连应声，可是她万万没有想到，自己没出什么问题，倒是赵明诚发生了致命的大问题。

七月底，距离赵明诚与李清照分手不过一个月，李清照忽然收到赵明诚的来信，告诉她自己由于一路上纵马奔驰，鞍马劳顿，加上气候炎热难耐，所以得了疟疾，病倒在建康。收到书信，李清照既担心又害怕，因为她对赵明诚实在是太了解啦。她深知赵明诚是个性子非常急的人，怎能忍耐疟疾的折磨。病发之时，全身时冷时热，发抖不止，而身体一旦发热，赵明诚为了快点结束疟疾的折磨，必定吃大量的压服热性的寒性之药。从表面上看，似乎是解决了热毒发作，但是大量服用寒性之药，却易患上痢疾，那样一来，寒热交加，病情反而会加重的。

想到这里，李清照真是忧心如焚，她连忙乘舟起程，连夜从池阳赶往建康，一晚上走水路三百里。李白曾说"朝辞白帝彩云间，千里江陵一日还"。从池州到建康，水路的实际距离也有千里之遥了。李清照真是恨不得"千里建康一夜还"。等到了建康，果然不出李清照所料，赵明诚服用了大量的柴胡、黄芩等降温、散热的寒性之药，这样一来，不仅疟疾没有得到有效的控制，而且由于寒性的药物服用过多，还患上了痢疾，不仅忽冷忽热，还加上严重的腹泻，真可谓数病发作，病入膏肓，回天乏术了。

这样的忽然变故对于李清照来说简直就是五雷轰顶、猝不及防，她原以为丈夫到建康之后，会尽快领取诏命，然后返回池阳，带上她同往湖州赴任。没想到这一次的分手竟是生离死别。看来这个建康城真是李清照的伤心地——当初他们一家人仓皇南渡，来到南方的第一站就是建康；建康还是赵明诚南渡之后担任第一任官职的地方，也是他仕途生涯中唯一留下耻辱记录的地方，还是他埋葬过去的羞辱、黑暗，即将开始新仕途的地方，更是他与李清照生离死别、一别音容两渺茫的伤心地。

八月十八日，赵明诚一病不起，取笔作绝命诗，未对家中琐事有任何交代，就此撒手而去。李清照与赵明诚这一对二十八年相知相伴的知音夫妻，就此画上了一个悲痛欲绝的句号。这一年，赵明诚四十九岁，而李清照才四十六岁，在知天命之年尚未到来之际，夫妻二人便阴阳两隔了。古人说，人生七十古来稀，如果一生有七十年的话，赵明诚走了不过三分之二的路程就遽然倒下，而李清照则注定要在孤独中走完剩下的路途。

托尔斯泰曾在《战争与和平》中写道："你和另一个人一起走进生活，那人突然掉进了黑暗，你停下来，朝黑暗里看了一眼。"现在，赵明诚已经掉进黑暗之中，而李清照却只能从他身旁走过，只能眼睁睁地看着他掉入可怕的深不见底的黑暗之中，眼睁睁地看着那黑暗一点点地吞噬掉他的健康、他的身体，却无能为力、束手无策。

李清照提笔为赵明诚写下一篇祭文，全文已散佚失传，只剩下中间的一对残句：

　　　　白日正中，叹庞翁之机捷；坚城自堕，怜杞妇之悲深。

这对残句中用了两个典故。"白日正中"，是说唐代著名的禅门居士庞蕴入灭（佛教徒亡故）之前，令其女灵照出门观看日头，灵照回报说，太阳已至中天，但是略有侵蚀。庞居士出门观看，灵照趁这个当口，坐到庞蕴的座位上，合掌化灭。庞蕴看到后，夸奖女儿对禅机的领悟高超，达到了很高的境界。李清照运用这个典故的意思是：

赵明诚在自己之前亡故，总要好过亡于自己之后，免得更加痛苦。从这个意义上来说，赵明诚的死未尝不是一件好事，这当然是李清照宽慰自己的话。

"坚城自堕"，指的是春秋时期，齐国攻打莒国，齐国大夫杞梁战死，他的夫人听说后放声大哭，听到的人都哀伤不已，莒城因此而崩塌。这个故事后来演变为孟姜女哭倒长城的传说。李清照运用这个典故的意思是：赵明诚好比是国家的栋梁、长城，现在这栋梁、长城倒了，我这杞梁之妻是多么的悲伤。

如果说这篇祭文表达了李清照在赵明诚刚刚去世时的强烈悲痛之情，那么，《孤雁儿》这首咏梅词则是表达了赵明诚逝后李清照的孤独、寂寞。它虽然只是一首咏梅词，但这梅花却成为离合悲欢的见证，描写出自己在丈夫死去后清冷孤寂的生活与凄绝悲凉的心情：

> 藤床纸帐朝眠起，说不尽、无佳思。沉香烟断玉炉寒，伴我情怀如水。笛声三弄，梅心惊破，多少春情意。　小风疏雨萧萧地，又催下、千行泪。吹箫人去玉楼空，肠断与谁同倚？一枝折得，人间天上，没个人堪寄。

早上起来，日头已高，心情却很坏。看那玉炉中的沉香已经快要燃尽，只剩下一缕缕断断续续的沉香烟气，只有渐渐冷却了的香炉，陪伴着我静如止水的内心。不知什么时候，窗外忽然传来一阵悠扬清雅的笛声，吹的是古曲《梅花三弄》。啊！这个春天是多么的悲伤、多么的难过，本来这熟悉的曲调能够吹开多少美丽的花瓣，能带给我多少快乐。而现在，听到这笛声，却只能让我更加伤心、更加不能平静，我多么辜负这大好的春光啊！屋外的小雨淅淅沥沥下个不停，我的眼泪更是止不住地流淌，当年与我一起吟诗作赋的心上人哪里去了？当年与我靠在一起听这《梅花三弄》的人儿再也回不来了，只留下冷清的小楼让我空自伤心。不管怎样，还是让我折下一枝美丽的梅花吧，就当是折下了一枝美丽的春色。可是，当年陆凯在江南折下一枝梅花，他可以寄给长安的好朋友范晔，而现在的我，折下这一枝美丽的梅花又能寄给谁呢？不论是人间还是天上，都永远不会有人收到这一枝孤独的梅花。

细细回想起来，赵明诚的故去，确实也不是偶然的。从"靖康之变"以来，赵明诚与李清照深感国破家亡，惶惶不可终日；然后是赵明诚护送家中大批的文物金石字画，乘船一路仓皇南下江宁，为母亲奔丧；接着又是担任江宁知府，结果力不从心，力不胜任，因为个性懦弱，最终却落得个临战弃城而逃的耻辱结局。这样的耻辱必将给赵明诚造成非常沉重的精神负担；再则又重新起用，继续担任湖州知州，为了早日洗刷自己身上的污垢与耻辱，赵明诚不顾七八月间南方的酷暑，连日纵马赶往建康面见皇帝。结果，两三年来精神与身体上郁积起来的沉重压力与负担，终于将越来越虚弱的赵明诚彻底打倒。

现在，赵明诚这个一家之主永远离开了，这个家中的坚固长城倒塌了，李清照也将紧跟着倒塌吗？她这个年届半百、无儿无女的孤独新寡，该何去何从？谁来照顾她的生活？赵明诚当初运来建康的大批金石文物字画的命运又将是如何？

请看第七章《颠沛流离》。

枕上詩書閒處好
門前風景雨來佳

康震

第七章

颠沛流离

风柔日薄春犹早，夹衫乍著心情好。睡起觉微寒，梅花鬓上
残。　故乡何处是？忘了除非醉。沉水卧时烧，香消酒未消。

　　　　　　　　——《菩萨蛮·风柔日薄春犹早》

赵明诚在建康因积劳成疾突然病逝，将李清照一个人丢在纷纭的战乱当中，这一年是宋高宗建炎三年，1129年，李清照四十六岁。

突逢巨变　茕嫠何恃

赵明诚由染病到去世发生得如此仓促突然，并未来得及对家中之事作任何安排与交代，对于李清照这样一个弱女子来说，横阻在她面前的，将是孤单无依的生活，以及一连串需要解决的难题。当时面临的迫切问题就是：

一、滞留在建康的李清照，生活该依靠谁？此时正是金国重兵压境、金兀术率兵南下的危急时刻，家中突然失去一家之主，李清照该何去何从呢？

二、如何处理赵明诚去世之前交代给她的一大批文物？当初赵明诚、李清照离开山东淄州时，曾从淄州转运了一大批文物前来建康。后来留存于青州的文物因兵变而全数被战火焚毁。因此对于这批从山东转运来建康的文物，赵明诚夫妇二人是分外地看重。赵明诚临别之际一再嘱托李清照，如果遇到战乱，性命不足惜，而珍稀的文物却不能落入金人手中。

如今，丈夫去世了，留下两万多卷图书、两千多卷金石碑刻拓本等。由于当时情势危急，天气炎热，李清照不但内心极度悲痛沉重，还要料理赵明诚的后事，内外相煎之下，也大病一场，用她自己的话来说，"仅存喘息"（《〈金石录〉后序》），病得仅剩一口气。但是，"死者长已矣，生者且偷生"（杜甫《石壕吏》），活着的人即使只剩一口气，也得顽强地活下去，是为了自己，也是为了死者。所以，处在国破与家亡危难与痛苦中的李清照，这位年届天命之年的弱女子，并没有在重重困难面前倒下来，而是顽强地又站了起来。因为还有许多的事情等着她去做，去完成。

她首先想到的是文物，是要千方百计保全成千上万卷的古籍与拓本，这是赵明诚生前唯一的嘱托，这是她与赵明诚一生中最重要的东西，是他们爱情与生活的见证，也是国家文化遗产的宝贵财富，绝对不能落到金人的手中，更不能被战火毁灭。而此时的建康城，已经岌岌可危。宋高宗虽然一再派出求和的使者与金人讲和，但兵力强大的金兵根本不予理会。从建炎三年七月间开始，金国大将金兀术就已经攻取南京（今河南商丘）、寿春（今安徽寿县）、和州（今安徽含山县一带）、滁州（今安徽滁州），并在十一月占领建康，继续南下追击宋高宗。而宋高宗也早就在闰八月，"分遣六宫"（《〈金石录〉后序》），离开建康，率领文武大臣仓皇南逃。

试想，当时建康的政治、军事形势是如此的危在旦夕，人命尚且不能自保，更何况还要保护这许多的文物古籍？但无论如何总得想个办法，总不能任由战火将文物烧成灰烬。此时李清照想到一个人：赵明诚的妹夫，时任兵部侍郎，大体相当于现在国防部副部长，此刻正在洪州（今江西南昌），护卫逃到此地的隆祐皇太后，也就是宋哲宗的皇后、宋高宗的伯母。李清照想将文物转运至洪州，委托这位妹夫保管。

也许，在李清照看来，洪州与建康相比，有这样几个优势：第一，远离金兵主力军队集中的建康城，似乎更安全；第二，洪州乃是隆祐皇太后避难的地方，有重兵护卫，似乎更保险；第三，洪州有着相熟的妹夫可托，在安全方面似乎更有保障。于是，李清照毅然做出决定：委托赵明诚生前的两位部下，将这些从淄州运来建康的上千卷古籍文物，包括一些家具器物都运到洪州去，托付给这位妹夫，由他暂为保管。

时势丕变　文物复劫

从当时的形势来看，李清照这样的考虑与安排似乎够妥帖了。但是计划赶不上变化，尤其在当时那种瞬息万变的战局之中，又怎能有真正安全、妥当的考虑与计划？令李清照难以想象的是，上一次将文物古籍从淄州转运来建康，是脱离虎口，而这一次将文物古籍运送至洪州，却是将它们送入了虎口。

原来这次金兵对南宋采取各路分进策略。金兀术这一路负责进攻东南沿海，追击宋高宗。还有一路人马由湖北向南进攻，当他们听说隆祐皇太后在洪州，便立即渡过长江，直逼洪州。隆祐太后被迫撤离洪州，向岭南一带逃窜。在这种极其紧张危险的军事形势当中，赵明诚的这位妹夫又如何有足够的力量、精力来保护这上万卷古籍文物呢？显然不可能。

根据李清照在《〈金石录〉后序》中的记载，"冬十二月，金寇陷洪州，遂尽委弃"，十二月份，金兵攻陷洪州，两年前从山东淄州转运来建康的"连舻渡江之书，又散为云烟矣"。也就是说，那装满十五车、多达两万卷古籍图书、两千多卷金石碑刻拓本，转眼之间就化为云烟了。前后才不过短短两年时间，先后在青州、洪州，一北一南，赵明诚夫妇二人数十年的精心收藏就连续遭到两次重大的毁灭，真所谓覆巢之下岂有完卵！

十二月份这次厄运还是后话，对于八月份仍滞留在建康城的李清照而言，古籍文物既然已经运送去了相对安全的洪州，接下来的问题就是考虑自己下一步究竟该往何处。换句话说，在战火纷飞的此刻，对于她这样一个年届天命的妇人来说，跟随何人、去何处才最安全？

虽遭逢大变并且尚在病中，但李清照判断情势时，仍然颇具政治头脑与眼光。她没有盲目藏避于乡间，或是偏僻的州县，也没有匆忙地投靠亲朋故旧，而是将目光锁定在宋高宗的身上。换而言之，李清照决定跟随宋高宗所带领的朝廷一起逃难。

正如前面提及，宋高宗与金人谈和不成，在金兀术的猛烈追击下，不得不率领朝臣向东南沿海地区逃窜。宋高宗在当时是金兵追杀的首要目标，因此危险性相对也最大，那李清照为什么还决定追随宋高宗这支最危险的逃难队伍呢？我们根据各种资料来分析，大致有以下几种考虑：

第一，与李清照自己的弟弟有关。李清照的亲弟弟李迒当时在中央担任敕令局的删定官。这个职务主要负责对照、修正历朝历代皇帝、朝廷的诏令、条律，编辑适用于本朝的敕令、条律，虽然这不过是个八品的小官，但是从它的工作性质来看，却又是与朝廷的重要朝政密切相关的大事。也许正因为这个原因，李迒这个小官也成为跟随宋高宗一起逃难的官员。而李清照之所以选择跟随宋高宗这支危险的逃难队伍，直接原因就是因为这支队伍当中有着她可以依靠的同胞弟弟。能投靠在朝为官的弟弟，即便是在危险的队伍中，也比自己孤身一人在战乱中到处漂泊躲藏来得安全。

第二，与文物有关。在经过两次巨大的浩劫之后，李清照手中的文物已经所剩无多了。在《〈金石录〉后序》当中，她写道："独余少轻小卷轴，书帖写本李、杜、韩、柳集、《世说》《盐铁论》，汉、唐石刻副本数十轴，三代鼎鼐十数事，南唐写本书数箧，偶病中把玩，搬在卧内者，岿然独存。"意思是说，我目前手头仅剩的只有一些少量的小篇幅的石刻摹本拓本，还有古代流传下来的著名诗人李白、杜甫、韩愈、柳宗元等人的诗文集手抄本，以及《世说新语》《盐铁论》的手抄本。因为宋代之前印刷技术并不发达，所以宋以前的许多古籍图书都是以手抄本的形式流传。手抄本并不便于保存，价值非常珍贵；如果是古代著名诗文集的手抄本，那就愈发显得珍贵。除此之外，尚有几十卷轴汉朝至唐朝石刻的副本，十几件夏、商、周时期的青铜鼎，以及好几箱南唐时期的诗文抄本。

这几种古籍图书文物，价值连城，体积短小，便于携带，李清照往往在病中把玩品味，放在自己的卧室之内，所以一直不曾丢失。更难能可贵的是，李清照身边这些幸存的文物，就是属于赵明诚生前嘱托她不到万不得已不得丢弃的部分文物。

这一部分文物，数量虽然不很大，但是异常珍贵，所以李清照当初并没有托送给洪州的妹夫，而是冒死带在身边，须臾不肯离身，这既是对赵明诚生前嘱托的坚持，也是出于对俩人一生挚爱的事业的坚持。而且，前两次文物在转运过程中遭受巨大损失，这一惨痛的教训让李清照再也不敢轻易地让这些文物离开自己了。

如此说来，是否李清照认为，只有追随宋高宗才能确保自己与这些文物的安全？

其实不然。很明显，在如此混乱的时局中，在如此仓皇不堪的逃难途中，朝廷怎会有能力顾及文物的安全？即便主观上想要保护文物，客观上也缺乏这样的条件。更何况这批文物并非国家所有，只是李清照的个人珍藏，所以朝廷也没有这个义务来替她保管周全。那么李清照为何不将这批文物藏匿起来，或者再托付给可靠的人，只身追随宋高宗的队伍逃难亡命？

这里面自然藏有一段玄机。

玉壶颁金 积毁销骨

原来，此时朝野上下突有流言，相传有人向朝廷状告赵明诚，说他将家藏的美玉献给了金国人。这可是通敌大罪，当时正是金国进犯南宋，朝廷上下奋力抗金、国家风雨飘摇之际，许多大臣或地方官员在绝望与恐惧中选择投靠金国，卖主求荣。在如此混乱、如此敏感的历史时期，突然流散着这样一则传闻，毋论真假，对赵明诚身后的声誉，对李清照此时的生活际遇都将造成极为恶劣的影响；而且赵明诚原本就有缒城宵遁、弃城逃命的先例，如果朝廷果真追究查办，那很有可能给李清照招来杀身之祸。

这个传闻究竟是真是假？李清照知道这个传闻后，又将作何反应？

在《〈金石录〉后序》当中，李清照对这件事情有详细的记叙与澄清。赵明诚病重时，有一位名叫张飞卿的学士，带来一把玉制的古董壶器，请赵明诚为他鉴别真伪。随后张飞卿便带着玉壶离开了。据李清照回忆，其实那把壶并非玉石材料，而是珉质的，所谓"珉"，就是一种与玉非常近似的石头。根据传闻，这个张飞卿很有可能已经投靠金国，而且用这把玉壶作为晋见金人的礼物。但是在一些别有用心的人的传言中，这把玉壶的主人变成了赵明诚，这把假玉壶也成了真玉壶，而献玉壶给金人的主角也变成赵明诚。俗话说，人言可畏，尤其是在战乱时代，这种不利于赵明诚的传言很可能越传越真，更何况已经有传言说，朝廷中有人已着手秘密搜集赵明诚的罪状，想伺机弹劾死去的赵明诚。

李清照听到这个传闻后感到"大惶怖，不敢言，亦不敢遂已"（《〈金石录〉后序》）。意思就是，感到非常的害怕，非常的惶恐，但又不敢大肆地声张，为自己辩护。因为这种事情，没有人证物证，又值兵荒马乱，一旦无法说清楚，就容易越抹越黑。但是不敢声张，也不意味着就这么不管不问，这件事情毕竟无法放下。所以这件事情对于当时孤身一人、无依无靠的李清照来说，真是心急如焚，焦头烂额，谁又能想到，赵明诚才去世不到两年，就有这么多麻烦事在等着她。面对如此一个难解的局面，李清照到底该怎么办呢？

李清照做出一个决定，决定将手中绝大部分文物直接上交朝廷。在当时那种形势下，这是一个明智之举。

第一，传闻说赵明诚将玉壶献给金人，无非是说赵明诚有通敌之嫌，不效忠朝廷。那就用实际行动来表明自己对朝廷的一片忠心！如果非说献给金人所谓的玉壶就是通敌，那么，现在李清照将家藏绝大部分文物都上交朝廷，可否算是忠臣呢？其实我认为，这个传闻的目的也许根本就不在于政治，而在于文物。有的人看到李清照孤身一人无依无靠，于是便制造出这样的传言，逼迫李清照交出文物，他们便可趁机下手。如果按照这个思路来推测，李清照的做法也许正中了某些人的下怀，但在当时的情况下，李清照如不那么做，又能怎么办呢？

第二，将绝大多数文物直接上交朝廷，也许可以避免之前转托他人的教训。换言之，交付朝廷，总比交托给某人代管更为安全。

如果说弟弟李远是李清照决定追随宋高宗逃难的直接原因，那么，一定要用实际行动为赵明诚、为自己的名声讨一个公道、讨一个清白，就成了她做出这个决定的深层原因。

可是问题在于，做出这个决定之后，如何实现它，也存在很大的难度。这并不像现今和平时代，个人向国家捐献文物，只需向博物馆提出申请，办理相关手续，博物馆甚或还会为此举办仪式、颁发奖励证书等等。在当时兵荒马乱的情形下，向逃亡中的小朝廷捐献文物，首先得追赶上它才行。

从建炎三年八、九月间开始，金国大将金兀术率兵南下追击宋高宗，高宗从建康一路逃往镇江、越州（今浙江绍兴）、明州（今浙江宁波），入海到舟山岛的昌国（今浙江定海），又从台州（今浙江台州）入海，经海路南窜至温州。而金兵在追击过程中，在海上遇到大风暴，只好退回到明州，这才使宋高宗获得了一丝喘气的机会。宋高宗一路南窜简直就如丧家之犬，如不是因为那一场大风暴，不是因为金兵长途奔袭，后方空虚，补给困难，那么宋高宗的亡命之行还不知何时何处才能停止。

所以，李清照若要将文物献给朝廷，首先得赶得上朝廷逃窜的速度。事实上，从建炎三年闰八月她离开建康，一直到第二年的正月，她一直断断续续地跟随着宋高宗的队伍，一会儿陆路，一会儿海路。有时为了加快速度，甚至丢掉必需的生活用品。

现在，我们仅仅用一二百字就将李清照跟随宋高宗逃亡的过程交代得明白而简单，可是在当时那种危急的情况下，在极其严苛的地理交通条件下，还要精心照看身边的珍贵文物；从建康一路向南，经过大半年的长途跋涉，又是陆路，又是海路，直到温州，行程足迹遍及现在苏南以及浙江的大部分地区，对于一个年近五十岁的孤身女性来说，不知要克服多少难以想象的困难。但是不管有多么艰难，那些珍贵的文物却要带在身旁须臾不能离，即便在海里遭遇海难，在陆上遭逢不测，死于非命，也要与这些文物同生共死。

等到李清照返回越州的时候，宋高宗的流亡朝廷已经到了明州。经过这一路上的千辛万苦，她深深感到，这批文物如果继续留在自己手中，命运必遭不测。她想，目前金兵已经撤到长江以北，朝廷也已经暂时北归，时局暂时趋于稳定，也许这正是捐献文物的好时机。于是她将所有的青铜器、手抄本等古籍文物交付紧邻明州的剡（shàn）州（今浙江嵊县），也许当时在那里有可信之人可以代为转交朝廷，或是有专人负责在剡州接受文物。总而言之，这批被李清照视若性命的珍贵文物终于交付给了朝廷。在李清照看来，这一次献出文物给朝廷，既可以消除那些诽谤诬陷赵明诚的谣言，还他们夫妻二人一个清白，又能使这批珍贵的文物得到朝廷的保护，她心中的大石终可放下了。

不幸的是，李清照这一次又错了！她又怎么能够想到，这批珍贵的文物在离开她不久，便遭到了厄运。

原来，这批文物寄到剡州后不久，当地便遭遇到叛军的暴乱，传言在官军平定叛乱的过程中，这批文物流落到一位姓李的将军手中。后来随着李姓将军的病故，李清照便无从得知文物的下落了。

在《〈金石录〉后序》中，李清照无比沉痛地写道："所谓岿然独存者，无虑十去五六矣。"原来我所说的那批岿然独存的写本、青铜器、摹本拓本，大概十分之五六都不存在了。

世情险恶　诡欺茕寡

我们发现，这些文物的委弃失落大多与战乱有直接的关系，而且往往是在离开李清照身边之后丢失。那么，我们也许会想，如果李清照自始至终都将文物存放在自己身边，岂不是更加安全？那些意图染指文物的强盗难道会破窗而入、破门而入，甚或破墙而入？

事情远远没有这么简单，即便是李清照自己带在身边的文物，也未能免于劫难。

自从剡州丢失掉现有文物十分之五六之后，李清照对于手头"岿然独存"的六七箱少量书画砚墨更是小心防备，精心看管。用她自己的话来说，就是"更不忍置他所，常在卧榻下，手自开阖"（《〈金石录〉后序》）。意思是，对于这六七箱少量的文物，她实在不忍心、也不放心放在其他地方，于是常常将它们放置在自己的床榻底下，而且不许旁人接触，每次都要自己亲自开启关合箱子。应该说，她对于这批文物已经是万分小心。但即便如此，外贼易防，可是内贼难挡。就在寄往剡州的文物刚丢失后不久，居住在越州的李清照再一次遭遇了文物劫难。

在越州，她租住在当地一家钟姓的人家，一天夜里，李清照不在家中，卧室的墙壁突然被人挖开一个大洞，小偷从洞口爬进卧室，不费吹灰之力便将床下的五箱字画文物偷走。李清照发现后痛心不已，立即悬重赏赎买被盗走的字画。说来也奇怪，仅仅过了两天，隔邻钟复皓就拿来十八轴画卷，请求赏金。李清照立刻明白，原来强盗并非远在天边，而是近在眼前，要不然，强盗怎会准确地探知字画放在卧室的床下，怎能准确地挖开卧室的墙壁，并轻易地从床底下偷走文物，如探囊取物一般？如果没有内线提供线索情报，根本无法偷得如此干净利索，这些人简直是无耻下流到了极点！合伙偷走字画，然后又前来求取赏钱。但纵使心里明白，却苦于没有人证物证，只能徒呼奈何。她只好转而要求钟复皓交出其余的字画文物，且允诺给予重赏，但是钟复皓口风甚紧，再也不肯说出其余字画的下落。数年之后，李清照才听闻，那些字画都被当代著名书法家、时任福建路转运判官的吴说以非常低廉的价格购得。最终总算落到一个爱惜文物字画的同道之人手中，多少可算是一点安慰吧。

在《〈金石录〉后序》中，李清照不无悲愤地写道："所谓岿然独存者，十去其七八。所有一二残零不成部帙书册，三数种平平书帖，犹复爱惜如护头目，何愚也耶！"当初我所说的那些岿然独存的文物，又丧失了十分之七八。剩下的都是一些零零碎碎不成系统、不完整的非常普通的版本、书籍，然而即便如此，我还是像保护自己的脑袋与眼睛一样爱护着它们，唉，我这样的行为真是愚蠢痴迷啊！

不仅仅是李清照为这次文物丢失事件发出沉痛感慨，这个事件也在士人阶层中引起普遍愤怒。根据有关史料记载，在四百多年以后，明代的著名政治家张居正，在担任内阁大学士的时候，听到属下有一位姓钟的官员有浙江口音，便问他："你是会稽人吗？"会稽是越州、绍兴的古称。这位姓钟的官员说是，张居正的脸色一下子就变了，沉默了很长时间，不说话。这名官员不清楚自己哪里得罪了大学士，赶忙说："我是最近才刚刚从湖南、湖北一带迁居到会稽的。"意思说自己并非会稽本地人。可是张居正还是愤愤不平，这位莫名其妙的官员最终还是遭到张居正贬谪的处分（见清俞正燮《易安居士事辑》）。由于李清照的文物被绍兴钟姓人家所偷，居然连累到几百年后钟姓绍兴人遭到贬谪。虽是稗官野史，但也由此可以看出，读书人对李清照遭遇的深深同情，对一帮盗贼的深深痛恨。

在这样一个混乱的年代，甚至皇帝都被追得东躲西藏、四处流窜，人命尚无法得到保障，还怎能有余力保障那些虽然珍贵却没有生命的文物字画？可是，在李清照看来，那些文物字画不仅仅是历史的生命、文化的生命，也是她与赵明诚往日岁月的生命见证啊。这一时期李清照的心情在她的词中表现得淋漓尽致：

> 年年雪里，常插梅花醉。挼尽梅花无好意，赢得满衣清泪。　今年海角天涯，萧萧两鬓生华。看取晚来风势，故应难看梅花。（《清平乐·年年雪里》）

我们曾在前面讲过，李清照是非常喜欢梅花的。梅花在她的笔下，是那样的娇艳，那样的美丽，那样的饱满。难道不是吗？诗人回忆说："年年雪里，常插梅花醉。"想当初，每年下雪的时候，我都要与丈夫赵明诚一起饮酒赏梅花，啊！那浓烈香甜的美酒令我沉醉，明诚禁不住折下一枝梅花插在我鬓发之间。在这一刹那，究竟是我醉了，还是梅花醉了；是赵明诚看着我醉了，还是这场大雪让我们都沉醉了，谁又说得清楚呢？可如今，孤单的我，摘下一朵梅花，再也没有人将它插在我鬓发之间，我只是无意识地轻轻揉搓着花朵，看着它们在风中点点飘落，就像我满眼的泪水止不住落满衣襟。多么想念过去的美好时光，可如今我却沦落在海角天涯，即便是满树的梅花绽放，我这满头白发却再也不能与娇艳的梅花相映成趣。其实我真是自作多情，看看这猛烈的海风，明早哪里还有什么梅花呢？不过就像我的青春、我的美好时光，随风飘落罢了。

我们有理由相信，这首词写在李清照丢掉自己随身的衣物、被褥，准备在台州章安登船渡海，追随宋高宗的途中，这是在海角天涯发出的对个人命运的悲叹，是一位词人对国破家亡命运的叹息。这正是李清照词的妙处，看似写自己的命运，但那飘零的梅花，那凄凉的海角天涯，那晚来猛烈的海风，不正是南宋皇朝在风雨飘摇的时局中苦苦挣扎的真实写照吗？伟大作家的作品，其最大的与众不同就在于，通过写自己的命运，透露出国家的命运、时代的命运。

如今，李清照手中保有的文物越来越少了！她深切地领会到，要保住手中的这点文物，无法仅靠自己的力量，更不能仰赖朝廷。而若要保护好文物，首先还是要保护好自己，让自己拥有一个可以依靠的人，得到一份可以依靠的力量，这对于目前深陷窘困境地的李清照而言，是一个非常现实的问题。那么，李清照将如何解决困扰自己的个人生活问题呢？已经年届天命之年的她，个人的生活还将发生怎样的变化？这些变化究竟会给她带来怎样的影响？

请看第八章《再嫁婚变》。

第八章

再嫁婚变

天接云涛连晓雾，星河欲转千帆舞。仿佛梦魂归帝所，闻天语，殷勤问我归何处。　　我报路长嗟日暮，学诗谩有惊人句。九万里风鹏正举，风休住，蓬舟吹取三山去。

——《渔家傲·天接云涛连晓雾》

莫道不銷魂簾捲西

風人比黃花瘦

康震書於京華

自从赵明诚病故后，李清照孤身一人陷于战乱之中，孤立无援，既要保全自身性命，又要保全珍贵的文物字画。无奈势单力薄，在颠沛流离、东躲西藏的日子里，珍贵的文物先后在洪州、剡州、越州三地大量丢失。

这几次文物字画的丢失，带给李清照的刺激非常大。这让她深深地意识到，在这个混乱的世道里，只要自己还是一个孤寡无依的弱女子，那些居心叵测的恶棍就会随时向自己伸出魔爪。在那些强盗、贪官眼中，自己简直就像是个破碎不堪、可以随意掠夺的珍宝馆。唯有建立一个稳定的家庭，有个比较坚实的靠山，才能彻底摆脱这接连不断的噩梦。

飘蓬寻根　急不暇择

自从三年前赵明诚去世之后，李清照就一直生活在颠沛流离、辗转飘零、居无定所以及孤独悲苦之中。赵明诚去世后或曾留给她一笔遗产，而李清照以知府遗孀的身份，也不至于穷困潦倒到连基本的生活也无法维持。但是，对于李清照这样一个思想与精神世界都非常丰富、敏感的人来说，身心的疲惫，精神的劳顿，以及随时都可能袭来的冷嘲热讽、侮辱诬蔑，都让她更难以忍受。她的身边没有丈夫、没有子女，而年纪已近半百，心中的忧愁苦闷真是无处可以倾诉。

若按当时情况来说，李清照以老大的年纪经年住在弟弟李远家中，似乎也不是长久之策。也许，对她而言，最实际的办法就是再组建家庭。回想过往，李清照与赵明诚共同度过的家庭生活，高雅、温馨而浪漫，赵明诚虽则不免犯些小错误，但是他们并未因此而分手，他们之间还是那样相亲相近。而现在，世道惊变、人心惶惶，想找个能够匹配的生活伴侣谈何容易？不用说如赵明诚那样志同道合、才学相当的人，就连找个老实的好人都非常难！况且又有谁愿意娶像李清照这样已年近半百、两鬓苍苍、体弱多病的暮年妇人？

所以，从李清照当时的情感需求与生活状况来说，的确是需要组建一个家庭。但是，她自己能够找到怎样的伴侣，而对方又如何能接受自己，这就成了一个关键问题。

就在这个关键时刻，有一个人走进了李清照的视线。

这个人就是时任右奉承郎监诸军审计司的张汝舟。张汝舟所担任的这个官职主要负责检查核准军队粮草与俸禄，品级并不高，也就七八品，但责任重大，对任官者的素质要求较高。李清照是如何认识这个张汝舟的呢？

李清照有一封写给当朝翰林学士綦（qí）崇礼的答谢书信，即《投内翰綦公崇礼启》，其中详细叙述了自己与张汝舟结识、纠葛的整个过程，是我们了解李清照这一段经历的重要史料。我们就结合这封书信来看看李清照与张汝舟之间到底发生了怎样的事情。在这封答谢书信中，李清照首先用凄楚的笔触自述了她那段时间境遇的悲凉与不幸，以及之所以答应张汝舟求婚的原因：

> 近因疾病，欲至膏肓，牛蚁不分，灰钉已具。尝药虽存弱弟，应门惟有老兵。既尔苍皇，因成造次。信彼如簧之说，惑兹似锦之言。弟既可欺，持官文书来辄信。身几欲死，非玉镜架亦安知？伥伥难言，优柔莫决。呻吟未定，强以同归。

意思是说：我自己重病缠身，病情严重到连牛、蚁的叫声都无法分辨，家人已经开始为我预备后事，准备好了封棺用的铁钉与石灰。自从赵明诚去世后，照顾我的只有弟弟李远和照管门户的老佣人了。就是在这样悲苦的景况下，我才会如此轻率地相信了张汝舟的如簧之言，被他所说的花言巧语所迷惑。就因为我已经病得将死，而弟弟又老实可欺，所以匆匆忙忙听信了媒人的欺诈之语，在急迫之间、再三犹豫之中答应了这门婚事。

在这短短数行的内容中，李清照连用了几个典故来阐述她凄苦的遭遇。"牛蚁不分"是《世说新语》中的典故，"殷仲堪父病虚悸，闻床下蚁动，谓是牛斗"，晋人殷仲堪的父亲生了重病，听到床下的蚁动，以为是牛在打斗。这里形容李清照当时的病情极为严重。"官文书"暗指张汝舟与媒人共谋欺骗之事。官文书本指授官的文书。典故来自韩愈《试大理评事王君墓志铭》：唐朝诗人王适出仕前，想娶处士侯高的女儿，但侯高声言只肯将女儿嫁与为官之人，因此王适便与媒婆合谋，以一卷普通书籍诈充官文书瞒骗侯高以娶得其女。"玉镜架"用意与"官文书"相同。西晋温峤假托为姑姑之女择婿，并以玉镜台为聘礼，其实是温峤为自己订下婚约（事见《世说新语·假谲》）。

由以上内容来看，最初是张汝舟主动接近李清照的，而李清照最终之所以答应嫁给张汝舟，归纳起来可能主要是以下几个因素：

第一，正如我们前面说过的，经过两三年孤独的颠沛流离生活，李清照迫切需要有个家庭、有个丈夫来保护自己，不但是保护自己的身心，也要保护自己手中的文物。尤其是自己的年纪越来越大，她当然要为自己的老年生活考虑。其实，我们可以做一个大胆的推测，如果李清照身边有子女陪伴，也许她根本就不会在年届天命之年选择再嫁。因为按照当时的生活逻辑，大多数遗孀都是在子女而不是兄弟姐妹的照顾下度过晚年岁月的。李清照选择再嫁，实是出于无奈。这是李清照接受张汝舟的核心因素。

第二，当时李清照刚刚从失魂落魄的逃亡生活中走出来，身体与精神频频遭到重大打击，特别是在精神上非常的孤独痛苦，而且一度重病卧倒在床，最需要他人的关心照顾，也最渴望得到家庭的温暖、呵护。张汝舟在最适当的时间走进李清照的生活。这是李清照接受张汝舟的关键因素。

第三，张汝舟此人官职不高，政绩也平平，却极善于表现自己。他在李清照及其弟弟李远的面前，不但巧舌如簧、花言巧语，而且对病中的李清照极尽体贴、关爱之能事，让这一对单纯、老实的姐弟误以为他是个可以信任之人。而且张汝舟派来的媒人手持求婚文书，满口信誓旦旦，使李家姐弟相信他将给予李清照一个稳定而温暖的家庭。这是李清照接受张汝舟的重要因素。

然而正式结婚之后，李清照与张汝舟都发现事实并非如他们当初想象的那样。

仓皇成婚　玉石俱碎

首先是李清照。她很快就发现，张汝舟不仅在学识上、生活情趣上跟赵明诚没法儿比，而且根本就是一个居心叵测、道德败坏的小人，或者说就是一个彻头彻尾的坏人。在给綦崇礼的答谢信中，李清照列举并揭发了张汝舟与自己结婚的真实原因，以及他的种种丑恶的劣迹：

第一，李清照发现张汝舟与她结婚的根本目的就是要得到她手中仅存的文物。换句话说，李清照认为张汝舟与她结婚，表面上是关心她、照顾她，其实他真实目的是要"照顾""关心"乃至霸占那些文物字画。其实这也难怪，因为赵明诚与李清照在文物收藏方面确实享有盛誉，据说当初赵明诚刚刚去世的时候，宋高宗还曾专门派他的亲信御医王继先出价三百两黄金，试图强行购买赵明诚收藏的文物。后来由于赵明诚表兄谢克家出面斡旋，宋高宗担心舆论批评，这才作罢。

第二，结婚之后，张汝舟发现，自己也受骗上当了。因为李清照手中的文物字画并不像外界盛传或者自己想象的那样丰富，尤其是珍贵珍稀的文物并不多，他心中当然十分失望。然而让他更加失望的是，李清照并不如他想象中那么百依百顺，而且根本没打算将文物字画交由他全权掌管处理。也许有时候她还对自己冷嘲热讽，毫不假以辞色。如此一来，张汝舟再也无法维持婚前温柔体贴的形象，甚至有可能对李清照饱以老拳。

第三，在给綦崇礼的信中，李清照控诉张汝舟对自己拳打脚踢，施以暴力，令自己虚弱的身体、精神难以忍受。她说："遂肆侵凌，日加殴击，可念刘伶之肋，难胜石勒之拳。"（《投内翰綦公崇礼启》）"刘伶之肋"（见《世说新语·文学》）与"石勒之拳"（见《晋书·石勒载记》）两个典故均指倍受张汝舟的虐待。她深深地为自己的决定而感到后悔，她说："视听才分，实难共处，忍以桑榆之晚节，配兹驵侩之下才？"（《投内翰綦公崇礼启》）意思是：我与这个人实在难以相处，我怎么会在自己的晚年，以清清白白之身，嫁给这么一个肮脏低劣的市侩呢？！她说："身既怀臭之可嫌，惟求脱去；彼素抱璧之将往，决欲杀之。"（《投内翰綦公崇礼启》）意思是说，我已经被这个满身臭气的家伙玷污了，只求快快离他而去；他对我手中的文物虎视眈眈，为了抢走它们，会因此而杀了我。

我想，张汝舟固然丑陋败坏，但他的目的只为谋财而不是害命，李清照这些话当然是在极度愤怒之下的激愤之语。但我们前面也讲过，李清照从来都不是一个唯唯诺诺、忍气吞声的小家碧玉，而是一个敢爱敢恨、敢于大胆表达自己感情的大家闺秀。按道理，在古代社会，所谓家庭暴力，所谓夫妻矛盾，都属于家丑，家丑是不能外扬的，外扬之后是要遭人耻笑的。但李清照丝毫不在意这条社会的潜规则，她的原则是：只要这样的生活是不幸福的，这样的丈夫是道德败坏的，这样的家庭生活是没有感情基础的，夫妻之间是没有共同语言的，那么，这样的婚姻就没有必要再持续下去了。

李清照做出一个大胆的决定：要与张汝舟离婚！在中国的传统传统观念中，甚至在目前一些偏远的落后地区，男女婚姻都是父母之命、媒妁之言。婚后，就算夫妻感情再不好，就算遭受到家庭暴力，做妻子的都只能忍气吞声、怨天怨命。特别是在古代社会，有几个女子敢说：我要与丈夫离婚？！更不要说是在再嫁之后才仅仅一百多天！李清照的这个决定真是石破天惊，令所有人都瞠目结舌。

中国古代社会，包括宋代社会，传统道德观念特别强调夫妻关系的稳定，强调夫妻之间从一而终，尤其是妻子，所谓"好女不嫁二夫"，即便是丈夫死了，也不应再嫁。至于离婚的主动权，则一直都牢牢地掌握在男性的手中。如果妻子有不道德的行为，丈夫可以休妻。但在宋代社会，士大夫们对休妻这样的行为也大都持否定态度，对于被休掉的女子大都持同情态度。也就是说，在士大夫们看来，离婚这样的事情是不道德的，是有悖于人伦纲常的。既然如此，妻子主动提出离婚，当然就更不为舆论所接受了。

宋代法律明确规定，妻子不能主动提出离婚，即便提出离婚，也必须要由男方写出休书，离婚方能生效。如果只是女方单方面想离婚，那是绝无可能的。比如，宋代学者章元弼娶了容貌秀美的表妹为妻，但章元弼夜以继日地研读苏轼的诗文，对妻子不闻不问，妻子终于无法忍受，提出离婚，章元弼爱苏轼之诗文甚于妻子，便写了一纸休书，俩人于是离婚。

换言之，李清照要主动提出与张汝舟离婚，没有张汝舟的同意，没有他出具的休书，是万万行不通的。

可是，对于张汝舟来说，要是同意与李清照离婚，那自己与李清照结婚不就等于空忙一场？那他所费的这场工夫岂不付诸东流？况且结婚这么短的时间，妻子便提出离婚，对于张汝舟来说，这也是大失颜面之事。所以即便是为了维持基本的尊严，为了最终能得到李清照的财产与文物，也必须将这场婚姻关系继续维持下去。

这样看来，通过正常途径谋求与张汝舟离婚是不可能了。如果是一般女性，这件事情也许就不了了之了，所谓嫁鸡随鸡嫁狗随狗，大不了过着忍气吞声的日子，得过且过。但李清照并不是这样的人，她绝对不能容忍被欺骗、被侮辱地生活。对于赵明诚在生活上、官场上的不良表现，她能够容忍，因为赵明诚的本质并非小人、坏人，更何况她与赵明诚之间有着共同的人生志趣，深厚的感情基础，赵明诚本人也的确是深深爱着李清照。但对张汝舟就完全不同了，在李清照看来，张汝舟与自己的婚姻基础就是一场骗局，此人不仅道德败坏，而且行为低劣，为人也粗鄙不堪，这对于李清照这样一位个性鲜明、爱憎分明、情趣高雅的女性来说是完全不能容忍的。

那该怎么办呢？

李清照又做出了一个惊世骇俗的举动。她决定状告自己的丈夫张汝舟，告发他"妄增举数入官"。什么意思呢？宋代科举制度规定，参加科举考试的读书人考到一定次数、取得一定资格后就可以授予一定的官职。李清照检举揭发张汝舟，说他的官职是虚报考试次数获得的，这是欺君之罪。

这件案子当时闹得沸沸扬扬，据李清照在给綦崇礼的信中所说："岂期末事，乃得上闻。取自宸衷，付之廷尉。"（《投内翰綦公崇礼启》）居然惊动了宋高宗，并由皇帝亲自下令交付司法检察机关予以办理。张汝舟最终被开除公职，流放到广西柳州。按照宋代的法律，如果丈夫被流放到偏远的外地，那么妻子就可以合法地与他离婚，并且可以保留自己的财产。但宋朝法律还规定，妻子状告丈夫，若丈夫果真有罪，那么即使丈夫自首，被判处刑罚的同时，妻子也要坐牢两年。

对于宋代法律的这条规定,李清照非常清楚,但即便如此,她依然不顾一切地状告张汝舟,也就是说,哪怕自己坐牢,也必须与这个坏蛋离婚,可见李清照离婚的决心有多大!

庆幸的是,李清照并没有在牢房里住两年,她仅仅在监狱里住了九天,就出狱了:"居囹圄者九日,岂是人为?"(《投内翰綦公崇礼启》)在这个离婚事件上,朝廷中有不少高官帮了李清照的忙。比如这位翰林学士綦崇礼,位居三品高位,他与赵明诚算是远房亲戚,正是在他的大力协助下,李清照才免除了两年的牢狱之灾。李清照的弟弟李迒,此时也正在宋高宗身边做官,也应该对这案子有影响力。

李清照还有一门非常特殊的亲戚,这就是当时朝中的权臣秦桧。原来,李清照的父亲一生有过两任妻子。李清照的母亲王氏是李格非的第二任妻子。李格非的第一任妻子也姓王,是宋神宗时期宰相王珪的侄女,与李格非结婚不久就去世了。这位王氏有一个侄女,应该叫作小王氏,后来嫁给秦桧,就是秦王氏。这样算起来,秦桧的夫人与李清照算是表姐妹的关系,李清照比秦桧大六岁,秦桧算是李清照的表妹夫。

我们现在当然没有证据表明,秦桧、秦王氏与李清照有过什么直接的沟通联系,也没有证据表明秦桧等人在这件案子上帮助过李清照。但从常情推断,依靠着这样一种家族的背景,对于案子的顺利解决,尤其是离婚的顺利完成,只会有好处不会有坏处。

谤誉在俗　人言可畏

现在,李清照终于与张汝舟离了婚,她终于摆脱了这个小人的纠缠。但是李清照再嫁并且迅速离婚这件事情给她的声誉造成了不小的影响,或者说很坏的影响。何以见得?这从当时几位著名诗评家对这件事情的评价就能看得出来。

胡仔说："易安再适张汝舟，未几反目，有《启事》与綦处厚云：'猥以桑榆之晚景，配兹驵侩之下才。'传者无不笑之。"（《苕溪渔隐丛话》）

王灼说她："赵死，再嫁某氏，讼而离之，晚节流荡无归。"（《碧鸡漫志》）

朱彧说她："不终晚节，流落以死，天独厚其才而啬其遇，惜哉。"（《萍洲可谈》）

晁公武说她："然无检操，晚节流落江湖间以卒。"（《郡斋读书志》）等等。

这些评论，都是李清照在世的时候就有的。很显然，这些评论家们一致认为，李清照再嫁并迅速离婚的行为遭到社会的嘲笑，而且晚节不保。

事实上，李清照本人当时也意识到这件事情会给自己造成的消极影响，她在给綦崇礼的信中，说罢一番感激的话语，就不无担忧地说："清照敢不省过知惭，扪心识愧？责全责智，已难逃万世之讥；败德败名，何以见中朝之士？虽南山之竹，岂能穷多口之谈？惟智者之言，可以止无根之谤。"（《投内翰綦公崇礼启》）意思是说：我自己怎么敢不反省呢？扪心自问，还是非常惭愧的！如果从保全明智的行为与良好的名声来看，我肯定是难逃万世的讥讽，如果因此而败坏了道德名声，那还怎么去见朝野上下的士大夫们呢？至于其他人对我七嘴八舌的冷嘲热讽，也肯定是多得不得了。所以还需要您这样的智者出面说句话，才能制止那些没有根据的诽谤。在信的最后，李清照请求綦崇礼"愿赐品题，与加湔洗。誓当布衣蔬食，温故知新"（《投内翰綦公崇礼启》）。就是说：希望您能够对我的言行品行多加指点，而我也一定多多吸取教训，完善自我。

看起来，李清照再嫁并迅速离婚的事件，对她本人也产生了非常大的压力和影响，以至于一贯刚强独立的她，也不得不求助三品翰林学士为自己说话，平息沸腾的舆论。

这些都是所谓的负面评论，但是也有不少的学者拼命地要维护李清照的形象。不过他们维护李清照，替李清照辩护的基础，并不是在于李清照再嫁、离婚是正确的，而是认为这样伤风败俗的行为根本就不可能发生在李清照的身上。为了论证这个问题，就要列举许多理由，这些理由说起来都令人感到不合情理，甚至有一厢情愿之感。例如：

一、李清照出身官宦世家、书香门第，本人又有很高的文化修养，她不可能做出再嫁或者离婚的事情；

二、李清照当时年纪已经比较大了，不可能再嫁；

三、李清照与赵明诚感情深厚，她不可能背叛赵明诚，等等。

其实无论是诋毁还是维护李清照名声的人，他们所立足的基本点还是传统的伦理道德观念。换句话说，那些为李清照辩护的人就是要死命地将李清照的行为规范拉回到传统伦理道德规范上来，他们觉得那才是他们心目中的李清照的正面形象。

问题在于，在李清照所处的宋代社会，难道女子再嫁或者离婚真的就有那么难吗？难道真的会引起那么大的社会反响吗？真的不被社会所理解吗？不弄清楚这些背景，我们就很难对李清照再嫁婚变的事实有一个清楚的认识。

根据相关史籍记载，曾有人问宋代的理学家程颐，贫困的寡妇能不能再嫁？他回答："饿死事极小，失节事极大。"（《近思录》）司马光也说过："贞女不事二夫。"（《家范》）这种论调在宋代社会形成一种潮流，对传统时代的婚姻家庭形成很大影响。

但需说明的是，程颐与司马光等人的这种伦理道德理论固然很有影响力，但在宋代具体的现实生活中，尤其是普通老百姓的生活中，再嫁甚至离婚的现象并没有遭到人们的唾弃与批评，在很多情况下，还得到人们的理解与同情。

比如，程颐的父亲程珦不仅同意自己的外甥女再嫁，而且还积极主动地为她操办婚事。程颐在怀念父亲的文章中，对父亲的这种行为大加赞扬（见《近思录》卷6）。就连程颐本人，对侄儿媳妇改嫁的事情也是默许的。

再比如范仲淹，他本是遗腹子，母亲带着他再嫁朱姓人家。范仲淹从不隐瞒自己的出身家世，做官之后很善待朱姓子弟。范仲淹的儿子范纯祐早死，范仲淹便将守寡的儿媳妇嫁给弟子王陶。范仲淹还用俸禄建立范氏义庄，资助贫困家庭解决婚姻问题。在《义庄田约》中，他规定，女子再嫁的费用与男子娶妻的费用相等。

还有王安石，他的儿子王雱有精神分裂症，对妻子儿子很不好，王安石很同情儿媳妇，专门找了一个中意的人家，将儿媳妇庞氏改嫁给了那一家人家。

至于宋代皇室中改嫁再嫁的事例也不少。

我们之所以列举了这么多著名人物的事例，就是想要说明，在宋代社会，再嫁改嫁固然不是什么值得炫耀、骄傲的事情，但也绝对不像人们想象的那样遭到社会普遍的歧视、唾弃与批判。与理学家们严厉的伦理约束相比，在世俗生活中，人们对改嫁的女性更多持一种宽容与同情的态度。

那么，为什么会有那么多人批评李清照呢？说起来，这些批评主要集中在两个方面。第一，在当时很多士大夫的眼中，李清照这个人与她的作品一样，都是有一种特立独行、标新立异的风格，表达感情更是无所顾忌。这种特立独行似乎与李清照的家庭出身、个人身份不大符合，也不符合儒家学者对传统女性美德的要求，比如贤淑端庄、温柔顺从、息事宁人。李清照的缺点就是太有个性了，太有才华了。宋人王灼的话最具有代表性，他不仅说李清照再嫁又迅速离婚这件事没有节操，而且接着说李清照："作长短句，能曲折尽人意,轻巧尖新,姿态百出。闾巷荒淫之语,肆意落笔。自古缙绅之家能文妇女,未见如此无顾忌也。"(《碧鸡漫志》)也就是说,李清照的文学作品标新立异,风格出奇,街头巷尾的市井语言尽入词中,自古以来士大夫家中擅长文学创作的女性当中,还没有见过像她这么无所顾忌的。

第二,李清照前半生的爱情婚姻家庭生活,非常幸福、完美,几乎集合了天下对美好爱情婚姻生活最美好的想象。然而后来与张汝舟的爱情婚姻,却又几乎集合了天下对丑恶婚姻家庭生活最愤怒的诅咒。再加上赵明诚不同凡响的出身,李清照父辈的品德修养,就显得李清照的这个再嫁离婚官司特别刺眼。换句话说,在宋代社会乃至整个古代社会,像李清照这样特立独行的杰出女作家本来就不多,再加上与赵明诚夫妻恩爱、志同道合的生活,而丈夫去世之后,无子无女,孀居三年又再嫁,再嫁后仅仅百余日便状告丈夫,然后迅速离婚,所有这一切都集中地发生在李清照一人身上,又怎会不引来如蝗的铄金之语呢?

信其所守　得其所哉

但我们也正是通过这些诽谤诋毁以及同情者的辩护,才更为清楚地了解到李清照的人格与个性。她自始至终都是一个不墨守成规,有着独立个性思想,决不向困难与不幸低头,坚强地走自己道路的女性作家。正因为有这些特点,所以她的文学作品才能永远闪耀着个性鲜明的光辉,才能够在大家如云的文学史长河里放射出耀眼的星光。我们不把她刻意看作反对腐朽伦理观念的先行者,但是我们却不得不承认,李清照在婚姻问题上所表现出来的鲜明的爱憎、果断的行为、坚定的态度、为追求幸福义无反顾的精神、为摆脱痛苦家庭生活的无所顾忌,即使在现代生活中,我们也很难做到。正是从这个意义上来说，李清照自然成为我们心目中反传统礼教束缚的伟大女性。

其实，从现代性爱与家庭观念来看，一个女性，在丈夫去世之后，当然有权利再次追求自己的感情生活、家庭生活。而当一个女性发现自己的感情生活、家庭生活并不适合自己，并不幸福的时候，也有权利结束这一切。如果为了维护所谓的道德准绳，就强求女性一辈子守寡或者厮守着没有爱情的婚姻，并标榜这样的行为为模范的妇道，这才是对人性最大的戕害。当代诗人舒婷在诗中写道："与其在悬崖上展览千年，不如在爱人的肩头痛哭一晚！"（《神女峰》）从这个意义上来说，李清照对待爱情婚姻的态度、原则甚至具有现代爱情的意义。但这或许也正是生活在宋代的李清照感到痛苦与孤独的地方，是一个伟大作家在精神上最为痛苦与孤独的地方。

说罢李清照再嫁婚变的来龙去脉，却引起我们的另一番思考，那就是张汝舟是否真如李清照所指控的如此不堪，而李清照是否也真如她自己所言受到如此不人道的待遇？产生这个疑问的原因在于：所有关于李、张二人婚变的记录、描述都来源于李清照一方的单面陈述，张汝舟一方没有任何的陈述记录。这其中的原因我们不得而知，但是从民事诉讼的原则来看，这是不正常也是不公正的。退一万步讲，即便张汝舟真的不堪，而李清照遭到非人道的待遇，从普通家庭生活矛盾的角度，而非李清照激愤的角度出发，我们有无可能对他们二人的家庭情感生活作另一番推测呢？

李清照是个才学高超、敏感多情的女子，也是爱憎分明、个性独立、不畏权势、富有见识的女中英杰。她有着深厚的家学渊源，自小环绕在她身边的皆是学识涵养为一时之选的学者鸿儒。嫁与赵明诚之后，因与赵明诚才情匹配，夫妇擅朋友之胜，越发让她以知书达礼、情投意合、谈诗论画、两情相悦作为家庭夫妻之间的应有之义。但在赵明诚去世后，国破家亡、颠沛流离的生活，让她在生理上"因疾病，欲至膏肓"，生活上"尝药虽存弱弟，应门惟有老兵"。内心的孤单寂寞，对幸福生活的渴望，张汝舟的巧言善语等，让她对这第二次婚姻充满了美好的幻想与想象。

但在婚后，她才发现张汝舟的人品、才智均无法与自己匹配，加上传统社会女子在家庭中的地位本来就不高，那张汝舟本来就不是一个怜香惜玉之人，也谈不上精通诗词书画，更不会月下煮茶论道，对李清照自然不会投其所好，甚至有可能摆出大家长颐指气使的面孔，李清照又如何能够感受渴望已久的幸福、亲情？至于张汝舟觊觎金石文物，我想他既为凡夫俗子，内心可能认为既然娶你李清照为妻，对于那些金石文物字画，我也自然拥有一定的发言权与处置权，至少是我们彼此共有的财产。殊不知在李清照心中，这些金石字画比性命还要重要，只因那是她与赵明诚间仅余的爱情信物，历尽劫波方得保全一二，岂能任由张汝舟指手画脚？而在张汝舟看来，与李清照结婚即便不图谋文物字画，至少能够在家中说一不二、为所欲为。殊不知李清照个性刚强独立，凡事都有主见，自己根本无法左右她的言行。文物字画既不可得，家中一应事务也不能完全做主，自己粗鄙的言论行为也许还曾遭到李清照的冷嘲热讽，这对于五十岁左右的张汝舟而言也难以忍受。

由此看来，两人在思想情趣、生活观念、对对方的期望等各个方面存在较大差距，两人之间龃龉争吵甚至打闹势必难免。想李清照对着家翁、当朝宰相，尚敢发出"炙手可热心可寒"那样直言不讳的讥讽，对着张汝舟的所作所为，心中既然有"牛蚁不分"之恨，"忍以桑榆之晚节，配兹驵侩之下才"之叹，又岂能不大发议论？那张汝舟本是粗俗之人，己意未遂，本就意气难平，又怎堪如此冷嘲热讽？遂有"遂肆侵凌，日加殴击"之实。这样看来，二人的离异自然也就不足为奇了。当然，如果换作他人，甚至对于张汝舟自己而言，也许争吵打闹到老也不会离婚，但对于李清照，这却是万万不能忍受的痛苦，从这一点来看，李清照无疑是个爱情的理想主义者。

当然，这一番另类角度的揣测完全是基于一般普通家庭的矛盾而论，并无任何孤本秘籍为证，也许完全不符合李、张二人婚姻的历史真实，只能算作是题外之话。但是结论却不会相差太远：李清照、张汝舟的婚变事件只能说是造化弄人，终至两败俱伤。而李清照对理想爱情婚姻生活的最后一次幻想与期许也终究归于失败，但我们后人也正是通过李清照晚年的这一次婚姻的悲剧，窥见李清照的爱情理想、婚姻理想、生活理想。

现在，李清照离婚了，她又不得不住在弟弟李远家中，那她今后的生活将会是怎样的状态？晚年的李清照，在经历了这么多次生活的打击与挫折之后，还能写出优秀的文学作品吗？

请看第九章《夕阳岁月》。

祇恐雙溪舴艋舟載不動許多愁

丁酉之正立春
康陽生書

第九章

夕阳岁月

窗前谁种芭蕉树？阴满中庭。阴满中庭，叶叶心心，舒卷有余清。　　伤心枕上三更雨，点滴凄清。点滴凄清，愁损北人，不惯起来听。

　　　　　　　　——《添字丑奴儿·窗前谁种芭蕉树》

李清照在经历了战乱的磨难之后，又经历了再嫁、离婚的苦痛，现在，已经五十多岁的李清照不仅依然孤身一人，而且精神饱受折磨，身心俱损。我们不禁为这位天才的女诗人感到担心，以她这样一种精神、身体状态，还能写出优秀的文学作品来吗？动荡的时局、不幸的婚姻、痛苦的精神，还能够让我们的女词人焕发诗情吗？

命蹇词工　舟轻愁浓

古人说得好："诗人少达而多穷，盖非诗能穷人，殆穷者而后工也。"（欧阳修《梅圣俞墓志铭》）"国家不幸诗家幸，赋到沧桑句便工"（赵翼《题元遗山诗》）。个人遭遇的不幸，生活的挫折与坎坷，却往往能够造就诗人创作成就的飞跃，因为苦难的生活与遭际，磨练了诗人的精神，也锻造了文学的形象与气质。

李清照这一时期的诗词创作并没有因为身心的损伤而减少，相反地却呈现出创作的高潮，创作出不少脍炙人口的佳作名篇，贴切地反映了她此时此刻的心境。在《武陵春·风住尘香花已尽》中，她写道：

风住尘香花已尽，日晚倦梳头。物是人非事事休，欲语泪先流。　闻说双溪春尚好，也拟泛轻舟。只恐双溪舴艋舟，载不动、许多愁。

这是暮春三月里的一个上午，风已停了，春花落尽，只余淡淡尘香，太阳懒洋洋地挂在天上，无精打采。诗人说："日晚倦梳头。"这个"日晚"不是说晚上，晚上要休息了，怎还会梳头？就说是晚上，那词人也不可能从早到晚一直呆坐还不梳头吧！所以这个"日晚"是说日色已晚，日头已高，可我们的女主人公还是没精打采地坐在梳妆台前，一点梳洗妆扮的心情都没有。

那是因为只要坐到梳妆台前，眼前就浮现出曾与赵明诚共度的幸福时光，也许当年，易安梳妆打扮时，明诚便陪伴在她的身后。可是现在，熟悉的一台一凳，一梳一镜，一切的一切都还是原来的样子，而斯人早已离去六年了。一切的一切都已结束了，再也无法回到从前，张张嘴，想要说点儿什么，可是眼泪却已止不住簌簌地落下来。

总不能就这样枯坐终日，总不能就这样每日以泪洗面！听朋友们说起双溪风光甚好，春色尚佳，不如一起划着小船去看看，去散散心。可是，自己这满怀的愁绪、满心的哀伤太沉太重，纵然心中明白，人要拿得起放得下，可是此时此刻的她又如何能够放得下？既然放不下，那小小的舴艋舟又如何能够载得动我的一腔愁绪呢？

读着这首词，不由得让我们想起李清照少女时代的那首《如梦令》："常记溪亭日暮，沉醉不知归路。兴尽晚回舟，误入藕花深处。争渡，争渡，惊起一滩鸥鹭。"那时的她是多么的活泼、快乐，充满勃勃生机！可是现在的她呢，却是"日晚倦梳头""欲语泪先流"，本想去双溪泛舟散心，竟担心小船载不动她的忧愁！两相比较，形成多么鲜明的对照。又有谁能知道，在写《武陵春》的时候，李清照是不是也曾想起了《如梦令》？

用船之轻小来衬托愁之沉重，这不能不说是极为高明的文学手法。而如果一个人没有经历过那么多坎坷曲折，那么多生活的打击，那么多孤独寂寞，又怎会有如此深刻的情感体验？又怎会想到小船之轻与忧愁之重的强烈反差？"穷而后工"，此话的确不错啊！

承言继志　后序金石

晚年的李清照，越是孤独寂寞，就越是思念赵明诚；越是思念他们共处的美好时光，就越是对手上所剩无几的金石字画等文物珍爱有加。她虽年岁日增，但还是常为这些藏品而来回奔忙。比如在宋高宗绍兴十九年（1149），六十六岁的李清照就曾先后两次拜访北宋著名书画家米芾的儿子、南宋著名书法家米友仁，请他为自己收藏的米芾的两幅字帖题跋。

在这里，需要就古代书画的鉴定鉴赏方法做些必要的简单说明。中国书画鉴定真伪的大体依据有：印章、著录、别字、年月、避讳、款识等等，还有就是题跋。题跋一般都是后人写在字画上的评论文字，大都以诗歌或散文的形式咏叹、评论书画作品与作者，或者评论前人的题跋是否妥当，并且一般都会对字画有鉴定式的评价。所以高水平的题跋对于鉴别字画真伪具有较高的参考价值，题跋价值的高低，则与题跋者鉴别鉴定文物字画的能力与声誉有直接关系。

因此，题跋既是对字画的美学评论意见，也是对它真伪的鉴定意见。李清照之所以先后两次不辞辛苦拜会米友仁，主要的原因在于：

一、米友仁是南宋著名书法家，又是米芾的儿子，小米在大米的这两幅字帖上留下题跋，将会大大提升米芾这两幅字帖的文物价值与审美价值；

二、米友仁的这种双重身份，使他在米芾字帖上的题跋具有很高的鉴定价值，对于这两幅字帖真迹的鉴定具有关键的意义。事实上，米友仁的题跋的确对于米芾的这两幅字有所评论，特别给予了肯定性的鉴定意见。

在李清照带来的米芾《灵峰行记帖》上，七十五岁的米友仁写道："拜观不胜感泣，先子寻常为字，但乘兴而为之。今之数句，可比万金千两耳，呵呵！"我看到父亲的字，感慨万千，不胜唏嘘。家父日常写字，都是乘兴而为，这个帖子居然写有这么多字数，价值黄金千两了吧！

在《寿时宰词帖》中，米友仁首先介绍了这幅帖子内容的来由，然后写道："先子因暇日偶写，今不见四十年矣。易安居士求跋，谨以书之。"意思是这幅字帖乃是家父闲暇的时候偶然写的，不见它已经四十年了。从米友仁的题跋中，我们不仅了解到米芾写字的日常情形，而且对这些字的来历以及价值都有了清楚的认识，此种题跋对鉴定米芾字迹的真伪当然具有非常关键的作用。

我们之所以使用如此长的篇幅来讲这件事情，就是要说明，李清照虽然已届花甲之年，但是依然尽心尽力地承继着她与赵明诚的文物收藏鉴定事业。这充分说明李清照对文物事业的执着与喜爱，同时这也是晚年李清照思念赵明诚最好的方式。用这样一种方式来寄托对赵明诚的思念，用这样一种方式来重温两人近三十年的幸福美满的爱情婚姻生活，这对李清照而言是再合适不过了。

赵明诚在文物收藏生涯中，撰写过一本很重要的金石文物目录著作《金石录》。这部《金石录》是继欧阳修《集古录》之后规模更大、更有价值的一部研究金石之学的专门著作，也是后世研究金石之学的必备书籍。这部书在宋徽宗政和七年，即 1117 年前后基本完成，赵明诚在书前写序，详细记叙自己自幼从事文物收藏的经历，以及自己从事这项事业希望有用于世的深远意义。他又邀请好友、著名学者刘跂为《金石录》撰写后序，刘序对《金石录》的学术价值、学术意义也给予了高度的评价。

应当说，赵序与刘序的重点都在于《金石录》的学术价值与学术意义，当然，赵明诚的序文也约略涉及自己早年的一些经历。

宋高宗绍兴五年（1135），距离《金石录》的面世已有十九年。自从在山东青州完成《金石录》之后，赵明诚便再次进入仕途，从此卷入连续不断的宦海沉浮中，再也没有时间、精力去系统地修订、补正、校勘《金石录》。现在，在赵明诚去世五年之后，李清照又继承亡夫的遗愿，对这部金石文物的著作进行了认真系统的校勘整理，这对于九泉之下的赵明诚该是莫大的安慰！更重要的是，李清照在赵明诚、刘跂的序文之后，又撰写了一篇《〈金石录〉后序》。这篇出自女性之手的序文，在文化艺术界以至民间的影响力远远超过《金石录》本身，更不用说赵序、刘序了。

因为从内容上来看，这篇《〈金石录〉后序》具有更为重要的人物传记价值与文学价值。清人阮刘文如评价说："易安此序，言德甫（赵明诚字德甫）夫妇之事甚详。《宋史·赵挺之传》传后无明诚之事，若非此序，则德甫一生事迹年月，今无可考。"（《宋刻〈金石录〉跋》）明代人萧良评论说："叙次详曲，光景可观。存亡之感，更凄然言外。"（明朱尔绣《古今女史》卷3引《〈金石录〉后序》评语）

总的来说，就是李清照所写的《〈金石录〉后序》有着重要的史料价值：

第一，《后序》对于他们夫妻之间的事情记叙得非常详细，可以看作是他们二人结婚之后夫妻恩爱、两情相悦、志同道合的一部浪漫婚恋传记。这对于我们了解他们夫妻二人的感情生活、婚姻家庭生活，具有很高的史料价值。

比如，说到当年夫妻刚刚结婚的时候，生活贫寒，赵明诚不得不典当衣物，换来几百文钱，到东京大相国寺去淘买文物，李清照写道："步入相国寺，市碑文果实。归，相对展玩咀嚼。"这个细节非常妙，意思是说，两个人到大相国寺，用这区区五百文钱，买了几通碑文拓片、摹本，但还不忘买了一些水果、点心回家，在家里一边欣赏字画、碑文，一边吃着朴素的点心水果。"咀嚼"二字真是一语双关，既是说咀嚼碑文的味道，也是说咀嚼水果的味道。最重要的是，这一段描写将两个人那种朴素而略显贫寒，却不失高雅情趣的生活展现得如此生动，这即是他们夫妻感情生活最美好的记载。

第二，《后序》对赵明诚的事迹记载得比较详细。赵明诚的有关事迹散落在《宋史·赵挺之传》《建炎以来系年要录》等史书与史料笔记当中，既不系统，也不周详。李清照作为他的夫人，以非常细腻的笔触详尽地记叙了赵明诚许多鲜为人知的故事，甚至细节，这为我们研究赵明诚以及他的《金石录》提供了第一手材料。

比如，回忆赵明诚在莱州任知州的时候，她写道："每日晚吏散，辄校勘二卷，跋题一卷。此二千卷，有题跋者五百二卷耳。今手泽如新而墓木已拱，悲夫！"赵明诚每日下班之后，返回家中即开始着手校勘古籍图书，每晚校勘两卷，校勘之后在书后写一篇跋文，详尽记叙校勘的过程与结果。二千多卷古籍图书中，经赵明诚题写跋文的就有五百多卷，可见赵明诚用心之专、用力之勤！李清照沉痛地说：如今这些图书上跋文的墨迹仿佛就是昨天写上去的一样，而赵明诚却去世已久，坟墓旁的树木早已长成参天大树了！我们甚至可以想象，当李清照写下这段文字的时候，她眼前又浮现出了三十一岁的赵明诚的身影，好像又看到了赵明诚在伏案校勘，真是死者长已矣，生者情何以堪！

第三，《后序》对于北宋皇朝的覆灭、金兵的侵略、南宋小朝廷的狼狈逃窜，以及他们夫妻二人在"靖康之变"以后战乱中的颠沛流离、金石文物的悲惨命运等，也做了非常详细的记述，从某种程度上说，这也是一篇记叙北宋士人、文化事业在战乱中悲惨命运的时代传记。

比如在写到自己的文物一再散失时，她悲愤地写道："或者天意以余菲薄，不足以享此尤物耶？抑亦死者有知，犹斤斤爱惜，不肯留在人间耶？何得之艰而失之易也？"难道是天意认为我生来命薄，不该享受这些尤物？抑或是明诚在天有灵，过于爱惜这些文物，不肯让它们留在人间？为什么收藏它们是如此的艰难，而失去它们却如此的容易？这一番话根本就是对战乱世道的悲愤的控诉，也是对自己命运的哀叹。其实，苍凉时代里哀叹自己命运的又何止李清照一人？不同的是李清照书写了出来。但是写出来又能如何？所以她在结尾处只能安慰自己："三十四年之间，忧患得失，何其多也！然有有必有无，有聚必有散，乃理之常。"三十多年来，忧患得失何其多也！天地之间，本来就是分分合合，聚散无常，这本是人生常理，又何必太在意。

应该说，《〈金石录〉后序》是晚年的李清照留给我们的一份宝贵的文化遗产。

哀哀孱嫠　心怀家国

修订校勘《金石录》并撰写《〈金石录〉后序》，当然是为了完成赵明诚的遗愿，是为了在追忆夫妻二人情感历程中，怀念往日的美好时光。这或许能减少一点现实中的痛苦，或许能使自己在面对现实生活中的孤独、寂寞、痛苦时，稍稍感受到生活中一点点的甜蜜滋味。晚年的李清照，有时偶尔也会与一些亲近的朋友饮酒赏花，或者做一些闺阁中的小游戏。然而，李清照毕竟不能"躲进小楼成一统，管他冬夏与春秋"（鲁迅《自嘲》），更不能"两耳不闻窗外事，一心只读金石书"，虽然她现在孤身一人，形单影只，但她不能只做独善其身者，她的内心、她的情感并没有脱离国家社会，脱离当前的动荡时局。对于沦丧的中原故土，她无一刻不感到痛心疾首，无一时不在深深地思念，这在她的作品中可以说比比皆是。

如："伤心枕上三更雨，点滴霖霪。点滴霖霪，愁损北人，不惯起来听。"（《添字丑奴儿·窗前谁种芭蕉树》）夜半三更时分，自己正在睡觉，忽然被点滴不断的雨声惊醒，唉，这缠绵不断的雨水，让我这飘落到南方的北方游子，怎么听怎么都像是思念故乡的哭泣声，怎么看怎么都像是自己的泪水！

再如："故乡何处是？忘了除非醉。沉水卧时烧，香消酒未消。"（《菩萨蛮·风柔日薄春犹早》）我的故乡在哪里？还是不要问我这个问题，让我再喝一杯酒，喝到沉醉，就不再去思念，不再去想念。看看香炉中的沉香已经快要烧尽，可是我的酒意尚浓，还是难以醒来。其实作者大概是永远也不想醒来吧！其难以排解的愁苦，一如李白的"但愿长醉不愿醒"。

对故乡的思念，也让她无时无刻不关心着朝廷与金国时局的变化。

宋高宗绍兴三年（1133）五月，朝廷派遣同签书枢密院事、吏部侍郎（大体相当于今国务院副总理兼人事部副部长）韩肖胄为通问使，试工部尚书（大体相当于今建设部部长）胡松年为副使，前往金国，探望被金人囚禁在北方的宋徽宗赵佶、宋钦宗赵桓。韩肖胄的曾祖父韩琦曾在宋仁宗、英宗、神宗三朝为宰相，祖父韩忠彦也曾是宋哲宗、徽宗两朝的宰相。李清照的祖父、父亲两代人都曾得到韩琦、韩忠彦的赏识与提携，所以韩肖胄与李清照算得上是世交。这次韩肖胄与胡松年出使金国，是朝廷上下的一件大事，思念故土的李清照对于这件事情非常关注，她不顾身心的疲惫，振奋精神，挥笔写下了两首诗，为韩、胡两位使者送行，题目是《上枢密韩公、工部尚书胡公》。

在诗前的小序中，李清照写道：

> 绍兴癸丑五月，枢密韩公、工部尚书胡公使虏，通两宫也。有易安室者，父祖皆出韩公门下，今家世沦替，子姓寒微，不敢望公之车尘。又贫病，但神明未衰落，见此大号令，不能忘

言。作古、律诗各一章，以寄区区之意，以待采诗者云。

意思是说，自己因为家道衰落，身份卑微，不敢贸然前去为他们送行。自己的身体虽然有病，但是听到他们出使金国的消息，非常振奋，所以写下两首诗为他们送行，借以表达自己的心情与忠心。

第一首是长达八十句的杂言古体诗，其中又分为两部分：

第一部分是四十六句五言古诗，其主题是突出韩肖胄在朝中举足轻重的地位，对他身负重任、出使金国公而忘私的高尚情操给予热情的赞颂：

> 身为百夫特，行足万人师。
> ……
> 家人安足谋，妻子不必辞。

意思是说，韩肖胄将个人与家庭的安危置之度外，毅然出使金国，堪为朝廷榜样。据《宋史·韩肖胄传》记载，韩肖胄出使金国之前，向宋高宗辞行。当时金国兵强马壮，南宋君臣人心胆怯。韩肖胄对高宗讲，目前大臣们对于讲和还是主战各持不同意见，朝廷没有定论。但是从长远来看，讲和终究不过是权宜之计，为的是渡过眼前的难关。等到大宋将来国力强盛、军威大振之时，朝廷肯定还是要一洗靖康之耻、收复中原。我与胡松年此次出使金国，朝廷先不要贸然撕毁与金国的和约。我们如果半年多还未能还朝，那就说明金国人另有图谋，陛下一定要从速进军北方，万万不可因为我们滞留金国而有所顾忌、延缓了进军时机。这大概算是临行之时他给宋高宗的政治遗嘱。

韩肖胄的母亲很了不起，韩肖胄向她辞行，韩母对他说："我们韩家世代领受国恩，现在朝廷有命，自当勇于前行，不要顾念我这个老太婆。"宋高宗听说后很受感动，专门下旨封韩老太太为荣国太夫人。应当说，李清照在诗中对韩肖胄的称赞与韩肖胄的言行道德是完全一致的。

诗的第二部分是三十四句七言古诗，主要是赞颂胡松年的品德与才能。其中有这样几句颇为醒目："皇天久阴后土湿，雨势未回风势急。车声辚辚马萧萧，壮士懦夫俱感泣。"国难当头之际，使者们在风雨飘摇的时刻肩负朝廷使命，一路上车声辚辚马声萧萧，无论是壮士与懦夫都为他们不畏艰险、不惧生死的精神而感动得掉下眼泪，真有一种"风萧萧兮易水寒，壮士一去兮不复还"（《史记·刺客列传》）的悲壮情怀。

据《宋史·胡松年传》记载，韩、胡两位使者此次出使金国，见到了金国在北方拥立的伪齐傀儡皇帝、原北宋大臣刘豫。刘豫要求他们二人以君臣之礼拜见自己，胡松年回答说："你我均为大宋朝臣，不当用君臣之礼。"刘豫问胡松年宋高宗身体如何，胡松年回答说："圣主万寿。"刘豫又问宋高宗未来有何打算，胡松年坚定地回答说："圣上的意思一定要收复故国疆土方才罢休。"刘豫原来妄图在韩、胡二人面前摆摆威风，吓唬吓唬他们，没想到在胡松年的跟前碰了几个软钉子，嚣张的气焰才慢慢收敛起来。但是要知道，韩、胡这次出使金国，也冒了很大的风险，朝廷众臣对这趟差事充满疑惧之心。韩、胡的言辞行为，不仅要维护大宋朝廷尊严，还要小心谨慎，否则不仅会惹来杀身之祸，而且还会挑起宋、金两国的战端。韩肖胄、胡松年在强敌与叛贼面前不卑不亢、有理有节且能全身而还，不能不称之为"忠臣""能臣"。

除了称颂二位使者，李清照还在诗中对他们提出两点建议：第一，"夷虏从来性虎狼，不虞预备庸何伤"。要提高警惕，不能麻痹大意。第二，"巧匠何尝弃樗栎，刍荛之言或有益"。与金国人谈判，不能只听信、依靠朝廷，还要虚心听取百姓们的意见。总之，两国交兵也罢，谈判也罢，都不只是朝廷之事，也是百姓之事，要广用人才，用其所长。

谁说李清照晚年足不出户、两耳不闻窗外事？完全不是，她不仅洞察窗外之事，而且其敏锐的洞察力比那些当局者、当事者高明得多！这样的真知灼见，表现了李清照清醒的政治头脑与政治远见。在这部分的结尾，李清照发出了"欲将血泪寄山河，去洒东山一抔土"的感叹，我愿为收复故土而将鲜血洒在故乡的土地上，这与岳飞"还我河山"的呼唤真是异曲同工啊！

李清照所写的第二首诗是八句七言律诗，诗中想象两位使者在北方受到民众欢迎的情景。诗中最为醒目的是："圣君大信明如日，长乱何须在屡盟。"意思是说，我们圣上的诚信之心像太阳一样明亮，但是《诗经·小雅·巧言》说："君子屡盟，乱是用长。"君王屡屡与他国结盟讲和，祸乱反而会越来越多。这两句话似乎充满矛盾，好像是完全相反的，其实就是正话反说：你不是非常老实、诚信地与金国讲和吗？其实，越是卑躬屈膝地讲和，越会有更多的祸乱产生，只有加强国防，发展实力，才能真正保证国家的稳定。从这两句诗来看，我们似乎可以说，李清照在宋、金关系上是个不折不扣的主战派。

李清照以老病之身却一口气创作了总数达五百多字的两首诗。这两首诗，表面上看是在赞颂两位使者，为他们送行，实际上借此机会系统地表达了自己对于"靖康之变"以来国家的大政方针政策以及宋、金两国战、和局面的基本看法。可以毫不夸张地说，这两首诗是李清照结合自身的经历，对"靖康之变"以来七年国家政治生活的总结。这虽是李清照个人的总结，却反映了历史的真实，也表现出李清照卓越的政治见识与政治眼光，在当时主和派大权在握的情况下，能够在诗中如此直率地表达自己的见解，也需要巨大的政治勇气。

桑榆暮景 珠沉玉陨

通过上面的讲述，我们发现一个有趣的现象，那就是李清照的作品中，既有像《武陵春》那样缠绵悱恻的婉约之作，又有像《上枢密韩公、工部尚书胡公》这样金刚怒目式的豪放之作。这似乎代表了李清照人格情感的两个重要方面：一方面因为中年以后尤其是晚年时期坎坷生活的挫折，她似乎不愿意再让外界干扰自己那颗孤独寂寞却又敏感的心；另一方面，由于她敏锐的眼光、刚强的个性、独立的人格以及活泼的性情，使得她又情不自禁地希望能够重新返回火热的现实生活，这种矛盾的心情交织在她的内心世界，在《永遇乐·元宵》这首词中得到了充分的表现：

落日熔金，暮云合璧，人在何处？染柳烟浓，吹梅笛怨，春意知几许？元宵佳节，融和天气，次第岂无风雨？来相召、香车宝马，谢他酒朋诗侣。　中州盛日，闺门多暇，记得偏重三五。铺翠冠儿，捻金雪柳，簇带争济楚。如今憔悴，风鬟霜鬓，怕见夜间出去。不如向、帘儿底下，听人笑语。

这是一个元宵佳节的傍晚，晚霞如金，白云如璧，真是一派祥和的佳节景象。然而此时此刻，诗人却恍惚之间，不知道自己身在何处，是在临安，还是在东京？只看见浓密的柳色，只听到《梅花落》的笛声，春天这就来了吗？我们知道，元宵节是合家团圆的节日，而此时的江南，正是莺飞草长，其乐融融。然而所有这一切都只能勾起作者的无限伤心事，她不禁问道："次第岂无风雨？"刘禹锡有诗云："长恨人心不如水，等闲平地起波澜。"(《竹枝词》九首其七) 心境不佳，再美好的春意，也似乎笼罩着风雨的阴影。

还有不少的朋友，他们乘着香车宝马，欢欢喜喜地来邀请我吃喝玩乐，共度佳节，然而我都一一谢绝。这让我们不由得想起朱自清先生在《荷塘月色》中所说："这时候最热闹的，要数树上的蝉声和水里的蛙声；但热闹是他们的！我什么也没有。"的确，在这个时候，佳节是朋友们的，快乐也是他们的，孤孑一身的词人什么也没有。

此刻，她所拥有的是什么呢？是无比甜美的回忆，是点点滴滴幸福的追忆，她幸福地活在回忆当中——你看，那还是在东京，还是在少女的时代，也是这样一个融和的天气，也是一个元宵佳节，我与伙伴们打扮得漂漂亮亮，整整齐齐，去看花灯，去吃宵夜，去尽情地快乐。

然而，现在，这一切都不存在了，只剩下憔悴的容颜、花白的头发、衰老的心境，夜间出去？还是不要出去吧！任何鲜艳的花灯、美丽的欢笑、斑斓的衣裙、喧闹的人群，都太容易刺痛词人那颗脆弱、敏感、孤独的心……然而，谁也不会想到，我们的词人、花甲之年的李清照，悄悄地撩开门上布帘儿的一角，偷偷地在听朋友们欢欢喜喜的说笑。

她多么渴望充满热情的生活，多么渴望正常的家庭的温暖！这都是她以前曾经拥有过的，而现在，这生活只能存在于她年迈的记忆当中，只存在于撩起的门帘儿那一个小小的角落！这种矛盾的、尴尬的、欲说还休的复杂心情，又怎么能够说得清楚！而这，不正是时代的动乱、国家的沦丧投射到女词人内心上的一段挥之不去的沉痛阴影吗？

这首词在后代人心中引起了极大的共鸣，宋末词人刘辰翁读罢这首词说："余自乙亥上元诵李易安《永遇乐》，为之涕下。今三年矣，每闻此词，辄不自堪，遂依其声，又托之易安自喻。虽辞情不及，而悲苦过之。"（《须溪集》卷9）意思是说：我自从在宋恭帝德祐元年（1275）读到李清照的这首词，不禁落泪。三年过去了，可每次读这首词，都不能控制自己的感情，于是仿照这首词的音律唱和了一首，词采虽然不及，但是悲苦之情大大超过了原作。1279 年，南宋皇朝灭亡。为什么三年来刘辰翁读《永遇乐》总是"为之涕下"？就是因为从中读出了国家即将沦丧的哀痛之音。

宋高宗绍兴二十六年，即 1156 年前后，李清照在孤独、寂寞以及对昔日时光的回忆中走完了一生，享年七十二岁。

夕阳岁月里的李清照，没有在孤独的生活中沉沦，更没有在寂寞的回忆里丧失热情。相反，她像枫叶一样，在经历了严霜的考验之后，生命放射出更加红润的光泽，而且红得更加深沉、更加浓烈。如果说年轻时代的李清照，好比一缕清澈的泉水，从山涧里欢快地流过，那么，年迈之际的李清照则好比一泓静静的潭水，宁静而深厚，却依然是如此澄澈明净，当一片小小的树叶不经意地落在这水面上，便会激起一层淡淡的涟漪，这一层淡淡的涟漪静静地扩散开来，一直扩散到我们这些后人的心里……

李清照在"熔金落日""合璧暮云"中走完了她人生的最后一程。了解了她的人生，解读了她的作品，我们不禁要问，才情高超的李清照在文学史上的地位究竟如何？她为何能成为古代最杰出的女作家？

请看第十章《一代词宗》。

一代词宗

病起萧萧两鬓华，卧看残月上窗纱。豆蔻连梢煎熟水，莫分茶。　枕上诗书闲处好，门前风景雨来佳。终日向人多酝藉，木犀花。

——《摊破浣溪沙·病起萧萧两鬓华》

在前面九章中，我们对李清照一生的事迹、思想做了较为详细的描述。在这一章，我们重点探讨以下几个比较关键的问题。比如，李清照的创作与同时代的男性词人相比水平究竟如何？同时代那些成绩卓著的男性词人在她眼中究竟是什么分量？与李清照大体同时还有好几位颇有才情的女词人，李清照因何能够词压群芳，脱颖而出，成为中国古代最杰出的女作家？以李清照的创作才华，有没有培养出一两位承继衣钵的"小李清照"？

黄花比瘦　落笔绮绝

　　关于李清照与同时代男性作家的比较，首先还得从她非常著名的词作《醉花阴·薄雾浓云愁永昼》开始：

　　　　薄雾浓云愁永昼，瑞脑销金兽。佳节又重阳，玉枕纱厨，半夜凉初透。　　东篱把酒黄昏后，有暗香盈袖。莫道不销魂，帘卷西风，人比黄花瘦。

今年这个重阳节愁云惨淡，了无趣味，只因心上牵挂的他不在身边。家里的一切仿佛都没了生气，毫无生机，总是透着一股凉森森的气息，因此"玉枕纱厨，半夜凉初透"。这番情怀该如何排遣？还是勉强喝点酒，暖暖那颗将要凉透了的心。然而在东篱边上，刚刚把酒自酌，便闻到一阵菊花的幽香，暗暗地沁入我的心脾。唉，这个恼人的重阳节，这个令人销魂的秋夕，这一杯杯令我沉醉的美酒，还有那随着阵阵秋风卷起的竹帘。看看我吧，竟然比那瑟缩的菊花还要憔悴消瘦，相思的人啊，就是这么为情所困！

据说，李清照将这首词寄给在远方做官的丈夫赵明诚，寄托她的相思之情：

> 易安以重阳《醉花阴》词函致明诚。明诚叹赏，自愧弗逮。务欲胜之，一切谢客，忘食忘寝者三日夜，得五十阕，杂易安作以示友人陆德夫。德夫玩之再三，曰："只三句绝佳。"明诚诘之，答曰："莫道不销魂，帘卷西风，人比黄花瘦。"正易安作也。(元伊世珍《琅嬛记》)

赵明诚收到这首词后，反复吟诵欣赏，叹为观止。叹息之余，却又生出几分嫉妒、几分惭愧——我乃堂堂大丈夫，怎能总是赞叹、欣慕妻子的词作？无论如何，我也得略显身手，让她看看我的能耐！于是赵明诚谢绝见客，停止一切外事活动，将自己关在屋子里，废寝忘食，整整写了三天三夜，总算写出来五十首词（一说，五十阕《醉花阴》计二十五首）。他使了一个鬼心眼，将李清照的这首《醉花阴》参杂在这五十首词当中，拿给好朋友陆德夫看。陆德夫反复品味，反复鉴赏，最终说了一句话："这其中也就三句写得好！"赵明诚心里紧张不已，连忙问道："哪三句？"陆德夫回答："莫道不销魂，帘卷西风，人比黄花瘦。"这下赵明诚才不得不服。

这个故事的真假姑且不论，但是从中却可以概括出两个不争的事实：

第一，赵明诚的词作水平远远不及李清照。他绞尽脑汁所写的五十首还不及李清照的三句。赵明诚的词作并未流传下来，无法得知他的词作水准究竟如何。但从这个故事可以看出，创作歌词对于宋代士大夫而言，并非多么专业的活动，而属于一项较为普及的业余文学活动。换言之，赵明诚的词作水平不论有多低，但是能够在三个昼夜里创作出五十首，也算是训练有素了。由此可见北宋士大夫词创作的基本素质是很高的，而李清照的词在当时词坛上的卓越成就更可想见一斑。

第二，陆德夫具有很高的诗词鉴赏能力与欣赏水平，他能够从五十首词作中很快就品鉴出最佳的三句来，证明他有着很高的诗词创作水平与鉴赏功力，这绝非是一般的诗词爱好者可以企及的，可算是一个诗词专家。陆德夫并非知名的词家，却有如此高水平的鉴赏力。可见在北宋士大夫之间，拥有浓厚的品评词作的氛围，品评的基本水平也是很高的。

也许有人会说，这个例子不能证明李清照的词比同时代男性作家水平更高。因为赵明诚本不是什么高水平的词家，以他的词作跟李清照相比，可谓曲为比附，好像拿小学生与研究生作比较，根本没有可比性。更何况"人比黄花"这三句词，就是在李清照的作品中也属于上乘之作，赵明诚如何比得上？

此言确实不差，还是让我们看看李清照同时代士大夫对她词作的评价吧。那个曾讥评嘲笑李清照再嫁离婚"晚节流荡无归"的王灼，还是在同一卷书里，却大大称赞李清照："才力华赡，逼近前辈。在士大夫中已不多得。若本朝妇人，当推词采第一。"（《碧鸡漫志》卷2）李清照的文学才华实在杰出，与各位前辈相比也所差无几，在当朝士大夫中也很少见，至于在当代女词人中更是首推第一。

曾经指责李清照"不终晚节，流落以死"的朱彧也极力称赞她："本朝女妇之有文者，李易安为首称。……词尤婉丽，往往出人意表，近未见其比。"（《萍洲可谈》卷中）当代最具文采的女作家首推李清照。她的词语言婉约流丽，出人意表，近来尚未有人能与她相比。

这是与李清照同时代的男性文学家对李清照才华的评价，应当说是比较公允，也比较符合实际的。

清代学者李调元对李清照的评价更高，他说："易安在宋诸媛中，自卓然一家，不在秦七、黄九之下。""不徒俯视巾帼，直欲压倒须眉"（《雨村词话》）。意思是说，在宋代女性作家中，李清照乃是卓然成派的一位大家。她的词作水平绝不在秦观、黄庭坚等男性作家之下。不仅俯视同时代的其他女词人，甚至有压倒那些男性词人的趋势。

有人也许会说，李调元的评价未免太过分了吧？其实一点也不为过。且让我们看看李清照在她撰写的《词论》中，是如何评价同时代其他几位男性大作家的。

宏文论词　别是一家

北宋前期著名词人柳永，一生致力于词创作，佳篇佳句甚多，"变旧声作新声"，在词史上占据着重要的地位，在民间也享有很高的声誉。他的一曲《雨霖铃·寒蝉凄切》："念去去、千里烟波，暮霭沉沉楚天阔。多情自古伤离别，更那堪、冷落清秋节。今宵酒醒何处？杨柳岸、晓风残月。"唱出了多少有情人伤别愁离的感伤情怀，打动了多少红男绿女的情思与芳心！李清照高度肯定柳永对词体发展做出的重大贡献，同时却认为柳词"虽协音律"，但"词语尘下"。也就是说他的词言辞过于庸俗，不甚高雅。

对于张先等北宋前期词人，她认为"虽时时有妙语，而破碎何足名家"——虽然词中不时有佳句妙语，但通观全篇却有支离破碎之嫌，算不上是真正的大家、名家。

对于晏殊、欧阳修、苏轼等北宋大文学家，李清照认为他们"学际天人，作为小歌词，直如酌蠡水于大海，然皆句读不葺之诗尔。又往往不协音律……"李清照承认他们都是学际天人的大学问家，知识渊博，作小歌词对他们而言，真好比是从大海里舀取一瓢水那么轻松。但李清照紧接着就指出他们词作的致命缺点：歌词常常不合音律，只能算做是长短不一的诗句，不能算是真正意义上的词。

对于王安石、曾巩等文章名家，李清照认为他们的散文的确堪比西汉文章，蔚为大家。但是"若作一小歌词，则人必绝倒，不可读也"。王安石等人所作的词让人读后忍俊不禁，根本没有办法读。言下之意，他们的所谓词作根本不具备可读性。

至于北宋中后期的晏几道、贺铸、秦观、黄庭坚等词人，李清照认为他们的词作开始接近真正意义上的词，既温润婉约，又协和音律。但毛病也不少：晏几道的词"苦无铺叙"——不善于铺陈景物，叙写情事；贺铸的词"苦少典重"——缺乏典雅庄重的格调；秦观的词"专主情致，而少故实，譬如贫家美女，虽极妍丽丰逸，而终乏富贵态"——虽然情感细腻，但词中的典故与史实不足，显得气韵不够深厚，就好比是一个普通人家的美女，虽然非常漂亮丰满，但终究缺乏一股富贵的气象；黄庭坚的词"尚故实而多疵病。譬如良玉有瑕，价自减半矣"——虽然较为注重用典，但是小毛病很多，就好像美玉上面有瑕疵，价值自然要打五折了。

从表面来看，李清照对于她之前这些文坛前辈乃至大词人的评价似乎很低，在李清照眼中，这些大作家的作品几乎全都是优劣参半，有些批评甚至还颇带善意的嘲讽。这篇《词论》的写作时间大约在李清照与赵明诚退居青州时期，那时的李清照不过二十五六岁，正是年轻气盛、锐气十足之时。但李清照毕竟身为女性，而且批评的对象多为辈分高于她的大家，如苏轼甚至是她父亲李格非的老师。因此很多宋代的文学评论家对于她《词论》中的观点、态度非常不满，认为李清照大放厥词、过分狂傲，甚至是不自量力的表现。

宋代著名文人胡仔对《词论》大为不满，说："易安历评诸公歌词，皆摘其短，无一免者，此论未公，吾不凭也。其意盖自谓能擅其长，以乐府名家者。退之诗云：'不知群儿愚，那用故谤伤。蚍蜉撼大树，可笑不自量。'正为此辈发也。"（《苕溪渔隐丛话后集》卷 33）清朝人裴畅也指责她说："易安自恃其才，藐视一切，语本不足存。第以一妇人能开此大口，其妄不待言，其狂亦不可及也。"（《词苑萃编》卷 9）

两个人的意思相近，大意就是说：李清照自恃才高，目空一切，将这些文坛、词坛上的大家们挨着个儿地评论一番，指摘其短处，无一幸免，这样的评价实在是不公平！她自以为是词坛名家而大放厥词，殊不知韩愈曾有诗说：那些愚昧不堪的人，妄自评论李白、杜甫，简直就像是蚂蚁要撼动大树一样，可笑不自量！韩愈所指的就是李清照这样的人！更何况李清照以一个妇道人家，却如此狂妄，真是令人难以理解。

看来，李清照在《词论》中对前辈大家的批评，的确让当时文坛为之震惊。难道在她的眼中，"无可奈何花落去，似曾相识燕归来"（晏殊《浣溪沙》），"但愿人长久，千里共婵娟"（苏轼《水调歌头·明月几时有》），"两情若是久长时，又岂在朝朝暮暮"（秦观《鹊桥仙·纤云弄巧》）这样的名篇佳句都算不得什么吗？李清照果真少不更事、狂悖无知乃至目中无人？显然不是。我们说，李清照之所以对各位前辈词人一一点评并着重指出他们的缺点错误，其真正的目的就是为了阐明、树立她自己心目中词的正确的审美标准。

在《词论》中，李清照对前代词家一番评点之后，总结道："乃知词别是一家，知之者少。"意思是说：词与诗文相比，别有一种文体的特征，了解这一点的人并不多。换言之，词之为词，必然有它区别于诗、文的文体特点，如果混淆甚至失去了这些特点，词也就不是词了。在李清照看来，前辈词人词作的最大缺点就是：没有鲜明的突出词之为词的特点，他们所作的词或多或少地还具有诗歌或者散文的特点，或多或少地混淆了词与诗、文的诗体特征。因此他们的学问虽然很大，功力虽然深厚，文采虽然斐然，但在词创作上却如同南辕北辙，用力越大，距离"别是一家"的词越远。

那么，李清照心目中最完美、纯粹的词具有哪些特点呢？显然，就是她所指出的那些错误特点的反面，即：协和音律、词语高雅、意境浑成、注重铺叙、多重典、主情致、多故实、妍丽丰逸而有富贵态，再说得通俗点儿就是：协和音律、品位高雅、意境浑厚、布局有方、情感细腻、含蓄稳重、情调雅正、词语妍丽、气象雍容等等。换句话说，这些特点就是词有别于诗、文的地方，如果这些特点体现得不明确、不鲜明，也就无法凸显词作为词这种音乐文学的特殊性、独特性。正因为要捍卫词的这种独特的审美风格，李清照才不遗余力地要排斥诸多大文学家的词作风格，才会引起胡仔等人的强烈反感。而这，似乎正是一个文学家、文学理论家必须具备的理论勇气、理论锐气与理论个性。

也正是由于李清照的这种理论上的勇气与个性，使得她的"词别是一家"的学说成为中国词学史上最重要的理论观点之一。《词论》也是中国文学批评史上第一篇完整的词论，对词的发展产生了巨大的推动作用。

现在我们看到了，李清照不仅仅是一位成就杰出的作家，而且还是一位有着自己独特理论见地的词学理论家。也就是说，李清照之所以在词史上占据着非常重要的位置，超过许多同时代的男性作家，不仅是因为她有突出的创作成就，而且还因为她有着非常独特鲜明的理论成就。

超逸绝伦　词压群芳

李清照是宋代著名女词人，但是我们也知道，与李清照大体同时，词坛上也有不少才华卓著的女词人，为什么她们没有像李清照那样脱颖而出，成为宋代乃至整个中国古代最杰出的女作家？换句话说，在同时代的女作家中，李清照技压群芳的原因究竟是什么？

我们来看两个具有代表性的人物。一个在李清照之前，叫作魏玩，乃是著名古文大家曾巩的弟媳妇，人称魏夫人；一个在李清照之后，叫朱淑真。她们与李清照生平与创作经历的共同之处在于：

一、从小生长在官宦人家，接受过良好的教育，都具有很高的文学修养与艺术气质。后来都嫁入官宦人家，成为官宦夫人。

二、词风细腻委婉，多抒发哀怨愁苦的情感，所写的题材大多为思念丈夫或者情人。

然而，她们三人的不同之处是最主要的，正是这种不同，造就了李清照在宋代文学乃至整个中国文学史上的独特地位。

第一，魏夫人、朱淑真虽然都嫁给了高官，但是她们与丈夫之间没有多少真挚的爱情，更没有什么共同的志趣爱好。换句话说，她们与丈夫的婚姻，是靠双方父母撮合而成，并不像赵明诚与李清照，是出于对对方才情的欣赏与喜爱而主动结合在一起。赵明诚与李清照两情相悦、志趣相投的爱情婚姻生活，是滋养李清照文学情感的重要土壤。

第二，与李清照相比，魏夫人与朱淑真的爱情婚姻生活都相对简单得多。魏夫人的丈夫曾布是著名古文家曾巩的弟弟，曾经在朝中担任宰相。据史料记载，曾布长期在外地做官，魏夫人与丈夫聚少离多，似乎谈不上有多么深厚的感情。朱淑真更不同了，她在少女时代曾有一位热恋的情人，二人虽然情真意切，却最终被父母拆散，朱淑真最终嫁给了一位高官。她与丈夫之间毫无感情，又念念不忘自己的情人，写了大量思念情人的词作，被丈夫发现而遭到虐待。朱淑真最终无法忍受这种生不如死的婚姻，投水自尽，成为封建婚姻的牺牲品。

　　李清照则不同，在"靖康之变"前，她的婚姻美满幸福，而在"靖康之变"后，却遭遇到丈夫遽然去世、自己再嫁而后又迅速离婚的巨大变化。晚年的她孑然一身，没有子女侍奉。可以说，李清照经历了一个女人所可以经历的最幸福美满的爱情婚姻，也经历了一个女人所能经历的最糟糕的婚姻家庭生活。李清照曾经大胆而全身心地爱过，也曾经毫不掩饰地恨过，更冒天下之大不韪地抗争过。她与朱淑真最大的不同在于，她从不屈服命运的安排，而是勇于抗争不幸福的婚姻，所以朱淑真等到的是死亡，而李清照等来的是自由。这也是李清照文学创作极具个性魅力的原因。

　　第三，赵明诚与李清照有共同的志趣爱好，这种志趣爱好一直延续到赵明诚去世，延续到李清照去世为止。应该说，随着年龄的不断增长，阅历的不断增加，赵明诚与李清照的爱情婚姻也经受了一次又一次的考验，婚姻爱情的内容也越来越深厚、越丰富。正是由于对金石文物字画收藏鉴赏的共同志趣，使得赵、李二人的爱情婚姻生活拥有了一个高雅而实在的基础。这个基础使他们的爱情婚姻不断地走向深化，走向新的起点，同时也有力地推动了李清照的文学创作不断焕发新的活力。

　　第四，魏夫人大约在"靖康之变"之前就已去世，而朱淑真大约是南宋中期的人，她们两个人都没有经历过"靖康之变"带给家庭、国家的痛苦，不可能体会到"靖康之变"前后家庭个人命运的巨大反差与巨大变化，当然也就不可能在作品当中反映出那种深刻的家国之痛与故国之思，也就少了李清照词中那么多深沉厚重的情感内涵。

　　第五，魏夫人与朱淑真都出身官宦人家，从小的生活大多是无忧无虑。婚恋时期的词作，也大多反映的是家庭婚姻生活，或者夫妻、情人之间的相思之情，作品很少涉及社会、政治、历史的重大问题。李清照则不同，她从小生长的家庭环境、父母的教育，婚后婆家与娘家特殊的政治关系，娘家与婆家在政治风云变幻中的命运浮沉，"靖康之变"前后他们夫妻以及其他士大夫家庭的巨大变故，使得李清照一生对社会、政治、历史保持着高度的敏感与深刻的洞察，使她在为数不多的诗词作品中，总能透露出犀利的历史眼光与远大的政治目光，这是在魏夫人与朱淑真的作品中完全看不到的。

当然，与魏夫人、朱淑真相比，李清照所表现出的天才的艺术创造力，也是她们望尘莫及的。

声声慢唱　本色当行

李清照词作表现出的天才的艺术创造力是多方面的。

第一，她的词善于通过日常生活的细节表现内心世界。比如："惜别伤离方寸乱，忘了临行，酒盏深和浅。"（《蝶恋花·泪湿罗衣脂粉满》）就要与故乡姐妹们离别，一下子方寸全乱了，不知道该说什么好，忘记了就要上路，只管与大家深一口浅一口不停地喝酒。方寸乱而深一口浅一口地喝酒，就选取了这样一个生活中的微小细节，却将依依不舍、依依惜别的缭乱心境刻画得惟妙惟肖。

第二，她的词善于用最平常、通俗的生活化语言，表现最细微的情感变化。如："花自飘零水自流，一种相思，两处闲愁。此情无计可消除，才下眉头，却上心头。"（《一剪梅·红藕香残玉簟秋》）我的青春年华都像流水一样远去了，对对方的思念与相思，同样地难以煎熬！唉，这样的相思是无法排解的，好在刚刚收到丈夫的书信，愁绪总算慢慢散去，可是一想到自己依然孤身一人，就又禁不住愁上心头。用一种非常通俗的语言，刻画出一瞬间的情感变化。

第三，她的词的内容、语言虽然很有寻常生活的气息，但是一经写出，却自有一种淡雅的审美境界。如："小风疏雨萧萧地，又催下、千行泪。吹箫人去玉楼空，肠断与谁同倚。"（《孤雁儿·藤床

纸帐朝眠起》）

而将以上这许多艺术特色集于一身的则是著名的《声声慢·寻寻觅觅》：

> 寻寻觅觅，冷冷清清，凄凄惨惨戚戚。乍暖还寒时候，最难将息。三杯两盏淡酒，怎敌他、晚来风急。雁过也，正伤心，却是旧时相识。　　满地黄花堆积。憔悴损，如今有谁堪摘。守着窗儿，独自怎生得黑。梧桐更兼细雨，到黄昏、点点滴滴。这次第，怎一个、愁字了得！

这一首《声声慢》真是写尽了李清照内心的痛苦，抒发了词人饱经忧患、家破人亡之后的悲痛。首句劈头而来，就是连续七组叠字："寻寻觅觅，冷冷清清，凄凄惨惨戚戚。"这是一种大胆的写法，也是一种天才的写法。"寻寻觅觅"，表达的是动作，作者一人在房间里魂不守舍，好似要寻找什么，却又不知道要找什么，孤独的人，长期寂寞的人，都会有这种怅然若失的感觉。"冷冷清清"，表达的是环境，孑然一身的她，怎能不冷清？越是寻觅，越觉得冷清，越觉得冷清心里就越难过——"凄凄惨惨戚戚"，这是说孤独和寂寞的心情。全词一开头这十四个字就紧紧抓住了人物的动作、环境、心情，将晚年丧夫、没有儿女、孤苦寂寞、辛酸艰难的生活体验表达得大胆、细腻、贴切，震撼人心。

本来心情就很坏，又偏偏赶上这乍暖还寒的暮秋时节，冷暖天气的交错，让自己的心情也难以平静，怎么办呢？"三杯两盏淡酒，怎敌他、晚来风急"，傍晚的时候这一阵秋风来得更猛了，喝上三两杯酒，抵挡抵挡这风寒吧。可是哪里又能抵挡得住呢？说到底不是风寒，不是风急，也不是天气变化快，而是自己的心寒、心急，最难抵挡的是心里生出的阵阵寒风。这时候忽然一群大雁从天际飞过，朝向南方而去。这可能是实写，也可能是虚写，问题在于看见大雁南飞，颇有"旧时相识"之感，便想起自己原本是北人，勾起自己沦落江南的愁思别绪来。

抬头望大雁南飞，俯视则是"满地黄花堆积。憔悴损，如今有谁堪摘"——此时已经不再是"人比黄花瘦"了，黄花瘦说明那个花儿还在枝上瑟缩地颤抖，而现在花儿早已凋零，早已憔悴枯败，失去了生命，还有谁会把那花儿插到头上来装扮呢？我现在一个孤苦伶仃的老太太，谁又会来倾听我诉说内心的孤独和寂寞呢？没有，我就像这满地堆积的黄花一样，在世上孤苦地飘零、喃喃地自语，却永远不会有人想起我、记得我……

就这样孤单单地打发着时光，这样孤单单地守着窗儿，一直守到天黑，要捱到多久才能天黑！李清照曾在词中说："被冷香消新梦觉，不许愁人不起。"（《念奴娇·春情》）"起解罗衣聊问、夜何其？"（《南歌子·天上星河转》）长夜寂寞无眠，每时每刻，痛苦都在咬噬着词人的心灵。痛苦地熬到黄昏，却不料飘来一阵阵小雨，敲打在梧桐叶上，更加重了一种悲苦的气氛。"到黄昏、点点滴滴"——瓢泼大雨并不足以衬托内心的悲苦，写雨就要一滴一滴地写、一滴一滴地下，好像你的眼泪一样，滴到你的心里去……

可是这样的"点点滴滴"何时才是个了结？多久才能滴到天黑？天黑以后是否还是要"点滴"下去呢？北方人可听不惯这江南缠绵的细雨声啊："伤心枕上三更雨，点滴霖霪。点滴霖霪，愁损北人，不惯起来听。"（李清照《添字丑奴儿·窗前谁种芭蕉树》）罢了罢了！就一任细雨连绵不断地下去，今夜又将是一个不眠之夜。

想想看，那怅然若失的寻觅，冷冷清清的房间，凄凄惨惨的内心，冷暖交错的天气，黄昏时候的风寒，还有满地憔悴的黄花，旧时相识的大雁，以及点点滴滴的梧桐细雨，难道是用"愁"这一个字能说得明白的吗？说不明白，也不想再说明白。这首词每一句话似乎都是非常的寻常，并不难懂，却又好像很不寻常，好像经过了千锤百炼，这就是李清照词在艺术上一个很显著的特点，也是她卓越艺术成就、天才艺术创造力集中的体现。

同时代评论者，对此词推崇备至。罗大经诧异于"起头连叠七字，以一妇人，能创意出奇如此"（《鹤林玉露》卷 12）。张端义则称赞说："此乃公孙大娘舞剑手，本朝非无能词之士，未曾有一下十四叠字者，用《文选》诸赋格。后叠又云：'梧桐更兼细雨，到黄昏、点点滴滴。'又使叠字，俱无斧凿痕。更有一奇字云：'守着窗儿，独自怎生得黑。''黑'字不许第二人押。"（《贵耳集》卷上）这首词，的确堪称《漱玉集》中的压卷之作。

一代词宗　万世流传

李清照除世所共知的词名外，其实她的诗文也"尤有称于时"（《宋史·李格非传》）。但由于她的作品大量散失，加上自宋以来逐渐形成的只重其词而不重其诗文的研究风气，时日既久，这位"古文、诗歌、歌词并擅胜场"的"古今第一才妇"，就只剩下一项"婉约词宗"的桂冠了。

李清照之所以能够出类拔萃别成一家，除其才质颖秀，更因身为女性而得天性之近。在她之前，婉约词的风格大体被定型为含蓄婉转，缠绵细腻，专写男女情爱、小桥流水、画舫楼船等婉约题材。宋词作家多为男性，往往是以男性视角来描写女性生活，代女主人公立言，作品对女性的思想、情感及心理的表现虽则入木三分，但终归有隔靴搔痒之感。李清照作为一代才女，以自己的生活体验为基础，对女性生活和女性内心世界，进行了深入细致的描写与刻画。

与此前婉约词的风格不同，李清照笔下的女性形象，不再只是孤独地守着空房、终日以泪洗面的弱女子形象。她笔下的女性，虽则多情却充满朝气，虽则缠绵却充满阳光，从她笔下女性的忧愁里我们能够读出愤慨，从愤慨里能读出倔强，从倔强里能读出骨气，从骨气里能读出开阔的眼界与理想。正是这一点愤慨、倔强、骨气与眼界、理想，赋予她的词以鲜明的个性气质，在宋代词坛上卓然独立。简言之，李清照笔下的女性，依然是柔弱的、多情的、感伤的，却不仅仅止于此，在传统女性的个性之上，又多了一点丈夫气概、潇洒风度、"林下之风"①。这正是李清照之为李清照最可贵的地方，也是她与魏夫人、朱淑真等女词人最根本的区别。

遗憾的是，由于时代的局限，李清照一直没有机会给自己培养一位艺术创作的接班人。一次，她想将平生积累的诗词文创作经验传授给一位孙姓小女，未曾想这位孙姓女子却以"才藻非女子之事也"（陆游《渭南文集·夫人孙氏墓志铭》）拒绝了她的意愿。我们很难猜测，当李清照听到这种回应，到底是一种怎样的感觉？我想，这个拒绝，不仅是李清照个人才华所遭遇的一次尴尬，也是中国古代文学所遭遇的一次尴尬。而当陆游将这件事作为孙氏的一桩美德，写到她的墓志铭上去的时候，那也许就不仅仅是尴尬的问题，而是中国古代女性所遭遇的一次遗憾，一次巨大而沉痛的遗憾。但孙氏女子的这个例子，却恰恰从反面衬托出李清照在古代社会中的耀眼光芒，也给我们阐明了李清照之所以能够在古代词史、古代女性生活史上大放光彩、在现代人心目中依然散发着永恒魅力的深层原因。

一代婉约词宗李清照永远离我们远去了。她没有子女来传承诗歌艺术，也没有入室、私淑弟子继承她的衣钵。她似乎将要永远一个人在暗夜里咀嚼那些缠绵悱恻的诗词了……然而不！李清照的诗词文章至今依然在我们的血液里流淌，在我们的书本上燃烧，在我

① "林下之风"：《世说新语·贤媛》称赞东晋名将谢安的侄女、王羲之的儿媳妇谢道韫"神情散朗，故有林下风气"。林下，是指魏晋时期的"竹林七贤"。意思是说谢道韫有魏晋士人飘逸洒脱、从容淡泊的风采。后来形容柔美温情而又风度翩翩、才华横溢的奇女子。

们的内心里放声歌唱。只要我们还需要表达自己的真实情感，还需要面对世事沧桑的轮回变化，李清照和她的诗词文章就永远不会消失，就永远会流传下去，世世代代，永不断绝。

主要参考书目

［宋］李焘《续资治通鉴长编》，中华书局 1985 年版

［宋］李心传《建炎以来系年要录》，中华书局 1985 年版

［元］脱脱《宋史》，中华书局 1985 年版

王学初《李清照集校注》，人民文学出版社 1979 年版

黄墨谷《重辑李清照集》，齐鲁书社 1981 年版

褚斌杰等《李清照资料汇编》，中华书局 1984 年版

李清照等《漱玉词（及其他三种）》，中华书局 1985 年版

徐北文主编《李清照全集评注》，济南出版社 1990 年版

程千帆、徐有富《李清照》，江苏古籍出版社 1982 年版

陈祖美《李清照评传》，南京大学出版社 1995 年版

陈祖美《李清照新传》，北京出版社 2001 年版

陈祖美《李清照诗词文选译》，上海古籍出版社 2002 年版

刘敬圻、诸葛忆兵《宋代女词人词传》，吉林人民出版社 1999 年版

诸葛忆兵《李清照与赵明诚》，中华书局 2004 年版

孙崇恩主编《李清照研究论文集》，中华书局 1984 年版

孙崇恩、傅淑芳主编《李清照研究论文集》，齐鲁书社 1991 年版

苏者聪《宋代女性文学》，武汉大学出版社 1997 年版

邓红梅《女性词史》，山东教育出版社 2000 年版

向梅林《超越与陷落——李清照的历史审理与现代解读》，湖南文艺
出版社 2005 年版

孙望、常国武主编《宋代文学史》,人民文学出版社 1996 年版

王水照主编《宋代文学通论》,河南大学出版社 1997 年版

杨海明《唐宋词史》,天津古籍出版社 1998 年版

袁行霈主编《中国文学史》(第三卷),高等教育出版社 1999 年版

吴熊和《唐宋词通论》,商务印书馆 2003 年版

[美] 斯蒂芬·欧文《追忆——中国古典文学中的往事再现》,郑学勤译,三联书店 2004 年版

谭其骧主编《中国历史地图集》(第六册,宋辽金时期),中国地图出版社 1982 年版

周宝珠、陈振主编《简明宋史》,人民出版社 1985 年版

白钢主编《中国政治制度通史》(第六卷,宋代),人民出版社 1996 年版

朱瑞熙等《辽宋西夏金社会生活史》,中国社会科学出版社 1998 年版

漆侠《中国经济通史》(宋代经济卷),经济日报出版社 1999 年版

姚瀛艇主编《宋代文化史》,河南大学出版社 1999 年版

徐吉军等《中国风俗通史》(宋代卷),上海文艺出版社 2001 年版

[美] 伊沛霞《内闱——宋代的婚姻和妇女生活》,胡志宏译,江苏人民出版社 2004 年版

李清照代表作品选

词

如梦令（常记溪亭日暮）

常记溪亭日暮，沉醉不知归路。兴尽晚回舟，误入藕花深处。争渡，争渡，惊起一滩鸥鹭。

如梦令·春晚

昨夜雨疏风骤，浓睡不消残酒。试问卷帘人，却道海棠依旧。知否？知否？应是绿肥红瘦。

【古人点评】

一问极有情，答以"依旧"，答得极淡，跌出"知否"二句来。而"绿肥红瘦"无限凄婉，却又妙在含蓄。短幅中藏无数曲折，自是圣于词者。

——清黄蓼园《蓼园词选》

点绛唇（蹴罢秋千）

蹴罢秋千，起来慵整纤纤手。露浓花瘦，薄汗轻衣透。见客入来，袜划金钗溜，和羞走。倚门回首，却把青梅嗅。

【古人点评】

片时意态，淫夷万变。美人则然，纸上何遽能尔。

——明沈际飞《草堂诗余续集》卷上

浣溪沙·闺情

绣面芙蓉一笑开，斜飞宝鸭衬香腮，眼波才动被人猜。　　一面风情深有韵，半笺娇恨寄幽怀，月移花影约重来。

【古人点评】

（眉批）摹写娇态，曲尽如画。（"眼波才动"句旁批）更入趣。

——明赵世杰《古今女史》卷12

一剪梅（红藕香残玉簟秋）

红藕香残玉簟秋，轻解罗裳，独上兰舟。云中谁寄锦书来，雁字回时，月满西楼。　　花自飘零水自流，一种相思，两处闲愁。此情无计可消除，才下眉头，却上心头。

【古人点评】

易安《一剪梅》词起句"红藕香残玉簟秋"七字，便有吞梅嚼雪、不食人间烟火气象，其实寻常不经意语也。

——清梁绍壬《两般秋雨庵随笔》卷3

凤凰台上忆吹箫（香冷金猊）

香冷金猊，被翻红浪，起来慵自梳头。任宝奁尘满，日上帘钩。生怕离怀别苦，多少事、欲说还休。新来瘦，非干病酒，不是悲秋。　　休休！这回去也，千万遍《阳关》，也则难留。念武陵人远，烟锁秦楼。惟有楼前流水，应念我、终日凝眸。凝眸处，从今又添，一段新愁。

【古人点评】

（眉批）非病酒，不悲秋，都为苦别瘦。又，水无情于人，人却有情于水。（评语）写出一腔临别心神，而新瘦新愁，真如秦女楼头，声声有和鸣之奏。

——明李攀龙《草堂诗余隽》卷 2

醉花阴（薄雾浓云愁永昼）

薄雾浓云愁永昼，瑞脑销金兽。佳节又重阳，玉枕纱厨，半夜凉初透。　　东篱把酒黄昏后，有暗香盈袖。莫道不销魂，帘卷西风，人比黄花瘦。

【古人点评】

"帘卷西风，人比黄花瘦"，此语亦妇人所难到也。

——宋胡仔《苕溪渔隐丛话前集》卷 60

玉楼春（红酥肯放）

红酥肯放琼苞碎，探著南枝开遍未？不知酝藉几多香，但见包藏无限意。　　道人憔悴春窗底，闷损阑干愁不倚。要来小酌便来休，未必明朝风不起。

【古人点评】

咏物诗最难工，而梅尤不易。林君复"雪后园林才半树，水边篱落忽横枝"，此为绝唱矣。……李易安词："要来小酌便来休，未必明朝风不起。"皆得此花之神。

——清朱彝尊《静志居诗话》卷 18

行香子（草际鸣蛩）

草际鸣蛩，惊落梧桐，正人间、天上愁浓。云阶月地，关锁千重。纵浮槎来，浮槎去，不相逢。　　星桥鹊驾，经年才见，想别情、离恨难穷。牵牛织女，莫是离中。甚霎儿晴，霎儿雨，霎儿风。

【古人点评】

《问蘧庐随笔》云：辛稼轩《二山作》"放霎时阴，霎时雨，霎时晴。"脱胎易安语也。

——清况周颐《〈漱玉词〉笺》

蝶恋花（上巳召亲族）

永夜恹恹欢意少，空梦长安，认取长安道。为报今年春色好，花光月影宜相照。　　随意杯盘虽草草，酒美梅酸，恰称人怀抱。醉里插花花莫笑，可怜人似春将老。

蝶恋花（昌乐馆寄姊妹）

泪湿罗衣脂粉满，四叠《阳关》，唱到千千遍。人道山长水又断，潇潇微雨闻孤馆。　　惜别伤离方寸乱，忘了临行，酒盏深和浅。好把音书凭过雁，东莱不似蓬莱远。

孤雁儿（藤床纸帐朝眠起）

世人作梅词，下笔便俗。予试作一篇，乃知前言不妄耳。

藤床纸帐朝眠起，说不尽、无佳思。沉香断续玉炉寒，伴我情怀如水。笛里三弄，梅心惊破，多少春情意。　　小风疏雨萧萧地，又催下、千行泪。吹箫人去玉楼空，肠断与谁同倚？一枝折得，人间天上，没个人堪寄。

诉衷情（夜来沉醉卸妆迟）

夜来沉醉卸妆迟，梅萼插残枝。酒醒熏破春睡，梦断不成归。　　人悄悄，月依依，翠帘垂。更挼残蕊，更捻余香，更得些时。

【古人点评】

玉梅词隐云：《漱玉词》屡用叠字，"寻寻觅觅，冷冷清清，凄凄惨惨戚戚"，最为奇创。又"庭院深深深几许"，又"更挼残蕊，更捻余香，更得些时"，又"此情此恨，此际拟托行云，问东君"，又"旧时天气旧时衣，只有情怀不似旧家时"，叠法各异，每叠必佳，皆是天籁肆口而成，非作意为之也。

——清况周颐《〈漱玉词〉笺》

点绛唇（寂寞深闺）

寂寞深闺，柔肠一寸愁千缕。惜春春去，几点催花雨。　倚遍栏干，只是无情绪。人何处？连天芳草，望断归来路。

【古人点评】

情词并胜，神韵悠然。

——清陈廷焯《云韶集》卷10

渔家傲（雪里已知）

雪里已知春信至，寒梅点缀琼枝腻。香脸半开娇旖旎，当庭际、玉人浴出新妆洗。　造化可能偏有意，故教明月玲珑地。共赏金尊沉绿蚁，莫辞醉、此花不与群花比。

减字木兰花（卖花担上）

卖花担上，买得一枝春欲放。泪染轻匀，犹带彤霞晓露痕。　怕郎猜道，奴面不如花面好。云鬓斜簪，徒要教郎比并看。

临江仙（庭院深深深几许）

欧阳公作《蝶恋花》，有"庭院深深深几许"之句，予酷爱之。用其语作"庭院深深"数阕，其声即旧《临江仙》也。

庭院深深深几许，云窗雾阁常扃。柳梢梅萼渐分明，春归秣陵树，人老建康城。　感月吟风多少事，如今老去无成。谁怜憔悴更凋零，试灯无意思，踏雪没心情。

【古人点评】

　　顷见易安族人，言明诚在建康日，易安每值天大雪，即顶笠披蓑，循城远览以寻诗，得句必邀其夫赓和，明诚每苦之也。

——宋周煇《清波杂志》卷8

菩萨蛮（风柔日薄春犹早）

风柔日薄春犹早，夹衫乍著心情好。睡起觉微寒，梅花鬓上残。　故乡何处是，忘了除非醉。沉水卧时烧，香消酒未消。

【古人点评】

　　俞仲茅云，赵忠简《满江红》"欲待忘忧除是酒"，与易安"忘了除非醉"意同。下句"奈酒行有尽愁无极"，微嫌说尽，岂如"沉水卧时烧，香消酒未消"，亦宕开，亦束住，何等蕴藉。易安自是专家，忠简不以词重云尔。

——清况周颐《〈漱玉词〉笺》

清平乐（年年雪里）

年年雪里，常插梅花醉。挼尽梅花无好意，赢得满衣清泪。　今年海角天涯，萧萧两鬓生华。看取晚来风势，故应难看梅花。

添字丑奴儿（窗前谁种芭蕉树）

窗前谁种芭蕉树，阴满中庭。阴满中庭，叶叶心心、舒卷有余清。　伤心枕上三更雨，点滴凄清。点滴凄清，愁损北人、不惯起来听。

渔家傲（天接云涛连晓雾）

天接云涛连晓雾，星河欲转千帆舞。仿佛梦魂归帝所，闻天语，殷勤问我归何处。　我报路长嗟日暮，学诗谩有惊人句。九万里风鹏正举，风休住，蓬舟吹取三山去。

【古人点评】

此似不甚经意之作，却浑成大雅，无一毫钗粉气，自是北宋风格。

——清黄蓼园《蓼园词选》

鹧鸪天（暗淡轻黄）

暗淡轻黄体性柔，情疏迹远只香留。何须浅碧深红色，自是花中第一流。　梅定妒，菊应羞，画栏开处冠中秋。骚人可煞无情思，何事当年不见收。

行香子（天与秋光）

天与秋光，转转情伤，探金英、知近重阳。薄衣初减，绿蚁新尝。渐一番风，一番雨，一番凉。　黄昏院落，凄凄惶惶，酒醒时、往事愁肠。那堪永夜，明月空床。闻砧声捣，蛩声细，漏声长。

永遇乐·元宵

落日熔金，暮云合璧，人在何处。染柳烟浓，吹梅笛怨，春意知几许。元宵佳节，融和天气，次第岂无风雨。来相召、香车宝马，谢他酒朋诗侣。　中州盛日，闺门多暇，记得偏重三五。铺翠冠儿，捻金雪柳，簇带争济楚。如今憔悴，风鬟霜鬓，怕见夜间出去。不如向、帘儿底下，听人笑语。

【古人点评】

易安居士李氏，赵明诚之妻。《金石录》亦笔削其间。南渡以来，常怀京、洛旧事。晚年赋《元宵·永遇乐》词云："落日熔金，暮云合璧"，已自工致。至于"染柳烟轻，吹梅笛怨，春意知几许"，气象更好。后叠云"于今憔悴，风鬟霜鬓，怕见夜间出去"，皆以寻常语度入音律。炼句精巧则易，平淡入调者难。

——宋张端义《贵耳集》卷上

武陵春（风住尘香花已尽）

风住尘香花已尽，日晚倦梳头。物是人非事事休，欲语泪先流。　闻说双溪春尚好，也拟泛轻舟。只恐双溪舴艋舟，载不动、许多愁。

【古人点评】

（眉批）未语先泪，此怨莫能载矣。（评语）景物尚如旧，人情不似初。言之于邑，不觉泪下。

——明李攀龙《草堂诗余隽》卷2

南歌子（天上星河转）

天上星河转，人间帘幕垂。凉生枕簟泪痕滋，起解罗衣、聊问夜何其。　翠贴莲蓬小，金销藕叶稀。旧时天气旧时衣，只有情怀、不似旧家时。

摊破浣溪沙（病起萧萧两鬓华）

病起萧萧两鬓华，卧看残月上窗纱。豆蔻连梢煎熟水，莫分茶。　枕上诗书闲处好，门前风景雨来佳。终日向人多酝藉，木犀花。

声声慢（寻寻觅觅）

寻寻觅觅，冷冷清清，凄凄惨惨戚戚。乍暖还寒时候，最难将息。三杯两盏淡酒，怎敌他、晚来风急。雁过也，正伤心，却是旧时相识。　满地黄花堆积。憔悴损，如今有谁堪摘。守着窗儿，独自怎生得黑。梧桐更兼细雨，到黄昏、点点滴滴。这次第，怎一个、愁字了得！

【古人点评】

"寻寻觅觅，冷冷清清，凄凄惨惨戚戚"，此乃公孙大娘舞剑手。本朝非无能文之士，未曾有一下十四叠字者，用《文选》诸赋格。后叠又云："梧桐更兼细雨，到黄昏、点点滴滴。"又使叠字，俱无斧凿痕。更有一奇字云："守着窗儿，独自怎生得黑。"……妇人中有此文笔，殆间气也。

——宋张端义《贵耳集》卷上

诗

感怀 并序

宣和辛丑八月十日到莱，独坐一室，平生所见，皆不在目前。几上有《礼韵》，因信手开之，约以所开为韵作诗。偶得"子"字，因以为韵，作感怀诗云。

寒窗败几无书史，公路生平竟至此。
青州从事孔方兄，终日纷纷喜生事。
作诗谢绝聊闭门，虚室生香有佳思。
静中吾乃见真吾，乌有先生子虚子。

【古人点评】

喜生事，说尽俗缘缠，眼高一世。

——明赵世杰《古今女史·诗集》卷3

乌江

生当作人杰，死亦为鬼雄。
至今思项羽，不肯过江东。

咏史

两汉本继绍，新室如赘疣。

所以嵇中散，至死薄殷周。

【古人点评】

　　本朝妇人能文，只有李易安与魏夫人。李有诗，大略云"两汉本继绍，新室如赘疣。所以嵇中散，至死薄殷周"云云。中散非汤、武得国，引之以比王莽。如此等语，岂女子所能？

　　　　　　　　　　　　　　——宋朱熹《朱子语类》卷140

钓台

巨舰只缘因利往，扁舟亦是为名来。

往来有愧先生德，特地通宵过钓台。

春残

春残何事苦思乡，病里梳头恨发长。

梁燕语多终日在，蔷薇风细一帘香。

【古人点评】

　　清照诗不甚佳，而善于词，隽雅可诵。即如《春残》绝句"蔷薇风细一帘香"，甚工致，却是词语也。

　　　　　　　　　　　　　　——清陆昶《历朝名媛诗词》卷7

题八咏楼

千古风流八咏楼，江山留与后人愁。

水通南国三千里，气压江城十四州。

【古人点评】

　　气象宏敞。

　　　　　　　　　　　　　　——明赵世杰《古今女史》诗集卷6

偶成

十五年前花月底，相从曾赋赏花诗。

今看花月浑相似，安得情怀似往时。

文

词论

乐府声诗并著，最盛于唐。开元、天宝间，有李八郎者，能歌擅天下。时新及第进士开宴曲江，榜中一名士，先召李，使易服，隐姓名，衣冠故敝，精神惨沮，与同之宴所。曰："表弟愿预坐末。"众皆不顾。既酒行乐作，歌者进。时曹元谦、念奴为冠。歌罢，众皆咨嗟称赏。名士忽指李曰："请表弟歌。"众皆哂，或有怒者。及转喉发声，歌一曲，众皆泣下。罗拜曰："此李八郎也。"自后郑、卫之声日炽，流靡之变日烦。已有《菩萨蛮》《春光好》《莎鸡子》《更漏子》《浣溪沙》《梦江南》《渔父》等词，不可遍举。五代干戈，四海瓜分豆剖，斯文道息。独江南李氏君臣尚文雅，故有"小楼吹彻玉笙寒""吹皱一池春水"之词。语虽甚奇，所谓"亡国之音哀以思"者也。逮至本朝，礼乐文武大备，又涵养百余年，始有柳屯田永者，变旧声作新声，出《乐章集》，大得声称于世；虽协音律，而词语尘下。又有张子野、宋子京兄弟，沈唐、元绛、晁次膺辈继出，虽时时有妙语，而破碎何足名家！至晏元献、欧阳永叔、苏子瞻，学际天人，作为小歌词，直如酌蠡水于大海，然皆句读不葺之诗尔，又往往不协音律者。何耶？盖诗文分平侧，而歌词分五音，又分五声，又分六律，又分清浊轻重。且如近世所谓《声声慢》《雨中花》《喜迁莺》，既押平声韵，又押入声韵；《玉楼春》本押平声韵，又押上去声，又押入声。本押仄声韵，如押上声则协；如押入声，则不可歌矣。王介甫、曾子固，文章似西汉，若作一小歌词，则人必绝倒，不可读也。乃知词别是一家，知之者少。后晏叔原、贺方回、秦少游、黄鲁直出，始能知之。又晏苦无铺叙。贺苦少典重。秦即专主情致，而少故实。譬如贫家女，虽极妍丽丰逸，而终乏富贵态。黄即尚故实而多疵病，譬如良玉有瑕，价自减半矣。

【古人点评】

易安历评诸歌词，皆摘其短，无一免者。此论未公，吾不凭也。其意盖自谓能擅其长，以乐府名家者。

——宋胡仔《苕溪渔隐丛话前集》卷33

投内翰綦公崇礼启

清照启：

素习义方，粗明诗礼。近因疾病，欲至膏肓，牛蚁不分，灰钉已具。尝药虽存弱弟，应门惟有老兵。即日苍皇，因成造次。信彼如簧之说，惑兹似锦之言。弟既可欺，持官文书来辄信；身几欲死，非玉镜架亦安知。倀俉难言，优柔莫决。呻吟未定，强以同归。视听才分，实难共处，忍以桑榆之晚节，配兹驵侩之下才。身既怀臭之可嫌，惟求脱去；彼素抱璧之将往，决欲杀之。遂肆侵凌，日加殴击，可念刘伶之肋，难胜石勒之拳。局地扣天，敢效谈娘之善诉；升堂入室，素非李赤之甘心。外援难求，自陈何害；岂期末事，乃得上闻。取自宸衷，付之廷尉。被桎梏而置对，同凶丑以陈词。岂惟贾生羞绛、灌为伍，何啻老子与韩非同传。但祈脱死，莫望偿金。友凶横者十旬，盖非天降；居囹圄者九日，岂是人为！抵雀捐金，利当安往；将头碎璧，失固可知。实自谬愚，分知狱市。此盖伏遇内翰承旨，搢绅望族，冠盖清流；日下无双，人间第一。奉天克复，本缘陆贽之词；淮蔡底平，实以会昌之诏。哀怜无告，虽未解骖；感戴鸿恩，如真出己。故兹白首，得免丹书。清照敢不省过知惭，扪心识愧。责全责智，已难逃万世之讥；败德败名，何以见中朝之士。虽南山之竹，岂能穷多口之谈；惟智者之言，可以止无根之谤。高鹏尺鷃，本异升沉；火鼠冰蚕，难同嗜好。达人共悉，童子皆知。愿赐品题，与加澡洗。誓当布衣蔬食，温故知新。再见江山，依旧一瓶一钵；重归畎亩，更须三沐三薰。忝在葭莩。敢兹尘渎。

【古人点评】

易安再适张汝舟，未几反目，有《启事》与綦处厚云："猥以桑榆之晚景，配兹驵侩之下才。"传者无不笑之。

——宋胡仔《苕溪渔隐丛话前集》卷 60

《金石录》后序

右《金石录》三十卷者何？赵侯德甫所著书也。取上自三代，下迄五季，钟、鼎、甗、鬲、盘、匜、尊、敦之款识，丰碑大碣、显人晦士之事迹，凡见于金石刻者二千卷，皆是正讹谬，去取褒贬，上足以合圣人之道，下足以订史氏之失者皆具载之，可谓多矣。呜呼！自王播、元载之祸，书画与胡椒无异；长舆、元凯之病，钱癖与传癖何殊？名虽不同，其惑一也。

余建中辛巳，始归赵氏。时先君作礼部员外郎，丞相作吏部侍郎，侯年二十一，在太学作学生。赵、李族寒，素贫俭，每朔望谒告出，质衣取半千钱，步入相国寺，市碑文果实归，相对展玩咀嚼，自谓葛天氏之民也。后二年，出仕宦，便有饭蔬衣练，穷遐方绝域，尽天下古文奇字之志，日就月将，渐益堆积。丞相居政府，亲旧或在馆阁，多有亡诗、逸史、鲁壁、汲冢所未见之书，遂尽力传写，浸觉有味，不能自已。后或见古今名人书画，三代奇器，亦复脱衣市易。尝记崇宁间，有人持徐熙《牡丹图》求钱二十万。当时虽贵家子弟，求二十万钱，岂易得耶？留信宿，计无所出而还之。夫妇相向惋怅者数日。

后屏居乡里十年，仰取俯拾，衣食有余。连守两郡，竭其俸入，以事铅椠。每获一书，即同共是正勘校，整集签题。得书画彝鼎，亦摩玩舒卷，指摘疵病，夜尽一烛为率。故能纸札精致，字画完整，冠诸收书家。余性偶强记，每饭罢，坐归来堂烹茶，指堆积书史，言某事在某书、某卷、第几叶第几行，以中否角胜负，为饮茶先后。中即举杯大笑，至茶倾覆怀中，反不得饮而起。甘心老是乡矣。故虽处忧患困穷，而志不屈。

收书既成，归来堂起书库大橱，簿甲乙，置书册。如要讲读，即请钥上簿，关出卷帙。或少损污，必惩责揩涂完整，固不复向之坦夷也。是欲求适意而反取僇栗。余性不耐，始谋食去重肉，衣去重采，首无明珠、翡翠之饰，室无涂金、刺绣之具，遇书史百家字不刓阙、本不讹谬者，辄市之，储作副本。自来家传《周易》《左氏传》，故两家者流，文字最备。于是几案罗列，枕席枕藉，意会心谋，目往神授，乐在声色狗马之上。

至靖康丙午岁，侯守淄川。闻金寇犯京师，四顾茫然，盈箱溢箧，且恋恋，且怅怅，知其必不为己物矣。建炎丁未春三月，奔太夫人丧南来，既长物不能尽载，乃先去书之重大印本者，又去画之多幅者，又去古器之无款识者，后又去书之监本者，画之平常者，器之重大者。凡屡弃去，尚载书十五车。至东海，连舻渡淮，又渡江，至建康。青州故第，尚锁书册什物，用屋十余间，期明年春再具舟载之。十二月，金人陷青州，凡所谓十余屋者，已化为煨烬矣。

建炎戊申秋九月，侯起复，知建康府。己酉春三月罢，具舟上芜湖，入姑孰，将卜居赣水上。夏五月，至池阳，被旨知湖州，过阙上殿。遂驻家池阳，独赴召。六月十三日，始负担舍舟，坐岸上，葛衣岸巾，精神如虎，目烂烂，光射人，望舟中告别。余意甚恶，呼曰："如闻城中缓急，奈何？"戟手遥应曰："从众。必不得已，先去辎重，次衣被，次书册卷轴，次古器。所谓宗器者，可自抱负，与身俱存亡，勿亡失也！"遂驰马去。途中奔驰，冒大暑，感疾。至行在，病痁。七月末，书报卧病。余惊怛，念侯性素急，奈何，病痁，或热，必服寒药，疾可忧。遂解舟下，一日夜行三百里。比至，果大服柴胡、黄芩药，疟且痢，病危在膏肓。余悲泣，仓皇不忍问后事。八月十八日，遂不起，取笔作诗，绝笔而终，殊无分香卖履之意。

葬毕，顾四维，无所之。朝廷已分遣六宫，又传江当禁渡。时犹有书二万卷，金石刻二千卷，器皿茵褥可待百客，他长物称是。余又大病，仅存喘息，事势日迫，念侯有妹婿任兵部侍郎，从卫在洪州，遂遣二故吏先部送行李往投之。冬十二月，金寇陷洪州，遂尽委弃。所谓连舻渡江之书，又散为云烟矣。独余少轻小卷轴、书帖写本，李、杜、韩、柳集，《世说》《盐铁论》、汉唐石刻副本数十卷轴，三代鼎鼐十余事，南唐写本书数箧，偶病中把玩，搬在卧内者，岿然独存。

上江既不可往，又虏势叵测。有弟迒，任敕局删定官，遂往倚之。到台，台守已遁，之嵊。出陆，又弃衣被，走黄岩，雇舟入海，奔行朝。时驻跸章安，从御舟海道之温，又之越。庚戌十二月，放散百官，遂之衢。绍兴辛亥春三月，复赴越。壬子赴杭。先侯疾亟时，有张飞卿学士，携玉壶过视侯，便携去，其实珉也。不知何人传道，遂妄言有颁金之语，或传亦有密论列者。余大惶怖，不敢言，亦不敢遂已，尽将家中所有铜器等物，欲赴外廷投进。到越，已移幸四明，不敢留家中，并写本书寄嵊。庚戌春，官军收叛卒，悉取去，闻尽入故李将军家。所谓岿然独存者，无虑十去五六矣。惟有书画砚墨可五七箧，更不忍置他所，常在卧榻下，手自开阖。在会稽，卜居土民钟氏舍，忽一夕，穴壁负五箧去矣。余悲恸不已，重立赏收赎。后二日，邻人钟复皓出十八轴求赏，故知其盗不远矣。万计求之，其余遂牢不可出。今知尽为吴说运使贱价得之。所谓岿然独存者，十去其七八。所有一二残零不成部帙书册，三数种手书帖，犹复爱惜如护头目，何愚也耶！

今日忽阅此书，如见故人。因忆侯在东莱静治堂，装幖初就，芸签缥带，束十卷作一帙。每日晚，吏散，辄校勘二卷，题跋一卷。此二千卷，有题跋者五百二卷耳。今手泽如新而墓木已拱，悲夫！

昔萧绎江陵陷殁，不惜国亡而毁裂书画；杨广江都倾覆，不悲身死而取图书。岂人之性之所著，死生不能忘欤？或者天意以余菲薄，不足以享此尤物耶？抑亦死者有知，犹斤斤爱惜，不肯留在人间耶？何得之艰而失之易也？

呜呼！余自少陆机作赋之二年，至过蘧瑗知非之两岁，三十四年之间，忧患得失，何其多也！然有有必有无，有聚必有散，乃理之常。人亡弓，人得之，又胡足道！所以区区记其终始者，亦欲为后世好古博雅者之戒云。

绍兴五年、玄黓岁，壮月朔甲寅日，易安室题。

【古人点评】

赵明诚，字德甫，清献公中子也。著《金石录》一千卷。其妻李易安，又文妇中杰出者。亦能博古穷奇。文词清婉，有《漱玉集》行世。诸书皆曰与夫同志，故相亲相爱之极。予观其叙《金石录》后，诚然也。但不知何为有再醮张汝舟一事。呜呼，去蔡琰几何哉！此色之移人，虽中郎不免。

——明郎瑛《七修类稿》卷 17

后记

　　李清照是中国古代最杰出的女性文学家。有机会将她的人生与创作介绍给广大的读者，我深感荣幸。然而，撰写《李清照》却不是一件轻松的事，需要重新反复阅读李清照的所有作品，需要研读大量的文献资料，还要参阅学术界诸多的研究成果……

　　关键在于，如何才能将历史的李清照尽可能还原、呈现给读者？如何让大家对李清照的思想、情感、个性，对宋词的意境、宋代的女性生活、宋代的文化有所认识、有所了解？这些问题，就是撰写李清照的目的。

　　为此，必须付出巨大的劳动。这包括文献资料的征引核对，诗词文章的分析解读，历史事件的描述判断，人物个性的品评论说等等。李清照是历史人物，也是文学人物，还是那个时代一位不平凡的女性，所以在实事求是的写作原则下，还要追求优美活泼的文字风格；在宋代社会历史的变迁中，在与其他词人特别是女词人的比较中，细微考察李清照的爱情、婚姻、创作与人生命运，从而给广大读者展示一代婉约词宗"巾帼须眉"的人格魅力，"别是一家"的词家风范。当然，这些只是我自己的美好愿望，具体做得如何，需要读者诸君评判了！

　　书后附录了李清照一些有代表性的诗、词、文章，大体按创作的先后顺序排列，有的还附加了古人的点评之语，为的是方便广大读者品评、回味李清照及其创作，希望朋友们喜欢。

在本书面世的时候，我要感谢中央电视台社教节目中心教育专题部副主任魏淑青女士，她在百忙中始终关注我的讲座，给予许多宝贵的支持。感谢《百家讲坛》栏目制片人万卫先生、策划解如光先生，他们给我鼓励与帮助，令我不断增强信心。感谢总导演高虹先生，每次我走进摄影棚，听到他轻松的笑声，就感到无比愉快。感谢编导组的孟庆吉先生、郭巧红女士、李伟宏女士、王珊女士。从 2005 年起，我先后在《百家讲坛》主讲《诗仙李白》《诗圣杜甫》《苏轼》《李清照》等专题讲座，获得观众好评，这其中，都饱含着编导们的辛勤劳动与闪光智慧。两年来，每一期讲座都是我们这个团队合作的成果，也是我们彼此友谊的见证。

我还要感谢中华书局。在我心目中，中华书局具有特殊而神圣的地位。能够成为中华书局的作者，对一个中国古代文化、文学的研究者而言，是很大的荣耀。为此，我要感谢中华书局副总编辑顾青先生，他对本书的出版起了关键的推动作用。感谢大众读物编辑室宋志军主任、娄建勇编辑，他们花费大量心血，精心编校设计书稿，显示出敬业专业的精神。相信随后仍由他们编辑出版的《评说苏东坡》也会更加精致。

在此，我还要特别感谢陈珀如女士。陈女士文史功底甚佳，研读李清照颇有心得。她在繁忙的工作之余，抽出宝贵的时间校订、核对全部书稿以及相关文献资料。书稿的部分文字、标题经由她润饰、修订，也增色不少。应当说，这部书稿凝聚着她宝贵的劳动，在此谨致以真诚的谢意！

我的父母、家人是我的第一批听众，也是第一批评论者。他们给我的意见，总是以表扬为主，批评为辅，显示出"以人为本"的宽容大度。两年前的小虎子，现在已经变成 7 岁的大虎子啦，对我的讲座也越来越会挑毛病了。不过我还是很感激他，在忙碌的小学学习生活之余，抽出宝贵的时间观看"小爸爸"的讲座。

《李清照》播出前后，我收到来自全国各地观众的来信、来函、来电，表达对我的鼓励与支持，在此表示衷心的感谢！我所在的北京师范大学、文学院及其中国古代文学研究所的领导、同事们，对我的讲座非常支持，给我提供许多宝贵的意见建议，在此也表示真诚的感谢！

几年来，"百度贴吧——康震吧"的各位朋友始终关心支持我的工作，在此谨表谢意！

在本书撰写中，先后有数家出版社希望出版此书，对他们的厚爱也表示深深的谢意！

本书参考了学术界李清照研究的部分成果，书的末尾列出了部分主要参考文献、书目，其余限于体例、篇幅未能一一列举、注明，在此谨表示最衷心的感谢！还是那句话，没有学术界长期的研究与积累，就没有李清照研究蓬勃发展的今天，也不可能有《李清照》讲座的成功。我自己的小小体会与思考则是不足道的。

希望这本小书，能够带您进入李清照清丽婉约的词境、丰富多样的人生，能给您的生活带来一点愉悦与快慰。

由于写作时间紧，书中错误在所难免，敬祈各位方家多提宝贵意见。

康震

丁亥年初冬

北京师范大学丽泽楼

再版后记

　　与欧阳修、苏轼等人相比，李清照的人生似乎比较简单，诗词的数量也没有那么多，但这丝毫不减弱她在我们心中的影响力，从某种意义上来说，她的影响甚至比那些男性作家更为广泛。

　　李清照擅长婉约词创作，但她的个性并不总是婉约，她是一个坚强的女性。民族的危亡、政局的动荡、家庭的变故、漂泊的孤独，让她饱尝痛苦，但她并没有被痛苦压垮和打倒，更没有改变向美、向善的美好初心。她的诗词，个性依然鲜明，情感依然细腻，境界依然深广，感慨依然深沉，内涵依然深厚。李清照，这个女子果然不简单，果然不寻常！在中国古代男权社会，她的文学成就与影响力几乎是个奇迹。能够再次与读者朋友一起分享易安居士的传奇人生，真是人生的一大幸事！

　　感谢中华书局徐俊、顾青两位掌门人，以及申作宏、陈虎、傅可、孙永娟等诸位先生、女士，他们为《李清照》的再版付出很多努力！感谢我的学生周云磊、向飞、王聪、田萌萌，她们帮我认真核校书稿，润色插图，还协助处理一些冗务，付出很多！《芥子园画传》《一词一画》给我很多启发，谨致谢意！感谢家人的照顾！感谢儿子为本书题写书名！感谢父母的养育之恩，愿将这本小书献给最亲爱的爸爸妈妈，祝您们健康长寿！

康震

2017 年 10 月 1 日